Le service public marchand en Afrique et dans le monde

Rigobert AKOULABO

Le service public marchand en Afrique et dans le monde

L'Harmattan
Congo-Brazzaville

5-7, rue de l'Ecole-Polytechnique, 75005 Paris

http://www.editions-harmattan.fr

ISBN : 978-2-343-10354-9
EAN : 9782343103549

Je dédie ce travail à tous les enseignants de la Faculté de droit de 1990 à 1999, pour avoir contribué à ma formation et à ceux de 2013 à nos jours, pour m'avoir permis d'intégrer le monde des « chercheurs ».

REMERCIEMENTS

« *Quel que soit le service rendu, il n'y a qu'un mot pour témoigner la reconnaissance (...), c'est merci* »,

Amadou Hampaté Bâ.

Je remercie Lambert et Antoinette Akoulabo, mes parents, pour avoir posé les jalons de mon éducation.

Mes remerciements vont également à l'endroit du Professeur Placide Moudoudou et du Docteur Aimé Baloki pour des moments d'échange fructueux.

Je ne saurais oublier de remercier le Docteur Joseph Elenga Ngaporo, le Docteur Antoine Letembet Ambily (paix à son âme), Yvonne Marie-Rose Kiba, mon épouse et mes enfants, pour leur soutien multiforme.

Ce livre est la version offerte au public d'un mémoire de Master de droit soutenu à l'université Marien Ngouabi en 2014 par l'auteur.

AVANT- PROPOS

La place du service public marchand dans un monde qui a tendance à être dominé par l'initiative privée nécessite une analyse et une réflexion. Les litiges nés de l'exercice du service public marchand par les personnes publiques sont-ils toujours soumis à la compétence du juge administratif ? Voilà une occasion de comprendre le régime juridique dualiste auquel est soumis le service public marchand, caractérisé par l'intervention du juge judiciaire, la soumission de ce service au droit de la concurrence et la possibilité de déroger à celui-ci.

Cette page nous offre l'opportunité de solliciter l'indulgence de ceux qui feront une lecture critique de cette œuvre.

Liste des abréviations et sigles

1- Abréviations

Chr. : Chronique
Pr. : Professeur
Rec. : Recueil

2- Sigles

A.J.D.A. : Actualité juridique droit administratif
C.E. : Conseil d'Etat
C.E.E. : Communauté économique européenne
C.J.C.E. : Cour de justice des communautés européennes
C.J.E.G. : Cahier juridique de l'énergie et du gaz
D.A. : Droit administratif
F.F.S.A. : Fédération française des sociétés d'assurances
G.A.J.A. : Grands arrêts de la jurisprudence administrative
G.A.Z.P.A.L. : Gazette du palais
J.O.C.E. : Journal officiel des communautés européennes
J.O.R.C. : Journal officiel de la République du Congo
J.O.R.F. : Journal officiel de la République française
L.P.A. : Les petites Affiches
P.U.F. : Presse universitaire de France
R.C.U.E. : Revue concurrence Union européenne
R.D.P. : Revue de droit public
R.F.D.A. : Revue française de droit administratif
R.T.D.E. : Revue trimestrielle de droit européen
S.I.E.G. : Service d'intérêt économique général
T.C. : Tribunal des conflits
T.C.E. : Traité des communautés européennes
T.F.U.E. : Traité sur le fonctionnement de l'Union européenne
T.P.I.C.E. : Tribunal de première instance des communautés européennes

Introduction générale

Les interventions des personnes publiques dans la sphère économique sont nombreuses et hétérogènes. Celles-ci peuvent comprendre l'activité de régulation, qui vise à corriger les défaillances du marché à travers un acte unilatéral, mettant en œuvre les prérogatives de puissance publique. Ensuite, elles se traduisent par la conclusion des contrats. Dans ce sens, les personnes publiques concluent les marchés publics et délégations de service public.[1] Enfin, ces interventions prennent la forme d'une exploitation directe des activités semblables à celles qui sont exercées par les personnes privées. C'est dans cette dernière catégorie d'activités que s'inscrit le service public marchand. Ce dernier peut être défini comme une activité économique exercée à titre onéreux, ou la production, l'échange non gratuit de biens et de services. Il peut être assuré par des établissements publics industriels et commerciaux comme la S.N.P.C.[2] des sociétés anonymes à capitaux publics, voire des entreprises privées dans le cadre notamment d'une délégation de service public. De ce fait, il est soumis à des obligations spécifiques de

---

[1] Pour une définition de ces notions, voir l'article 2 du décret n°2009-159 du 20 mai 2009 portant Code des marchés publics (congolais).

[2]S.N.P.C., « Ainsi, le 23 avril 1998, le Conseil national de transition (organe législatif de transition) avait créé la Société nationale des pétroles du Congo (S.N.P.C.), établissement public industriel et commercial, article 2 de la loi du 23 avril 1998 sur les cendres de la Société nationale de recherche et d'exploitation pétrolière Hydro-Congo créée par une ordonnance du 4 juin 1974… ». Il est également assuré par les S.E.M. (Société d'économie mixte), les Etablissements publics industriels et commerciaux (E.P.I.C.) et même par les Sociétés anonymes (SA) à capitaux publics. Pour plus d'informations, lire J.L. de Coral dans *La crise de la notion de service public en droit administratif français,* L.G.D.J., 1954.

service public.[3] Autrement dit, le service marchand correspond aux services publics industriels et commerciaux. Même s'il intègre parfois certains services publics administratifs, comme le logement social, les autoroutes payantes ou les cantines scolaires, rendant ainsi difficile son identification,[4] il n'en reste pas moins que celui-ci s'en distingue clairement. On sait que, depuis un arrêt du 16 novembre 1956, un service public est industriel et commercial lorsqu'il relève d'une véritable entreprise.[5] De même, l'arrêt de la C.J.C.E. du 24 octobre 2002, à propos des activités aéroportuaires,[6] est d'un précieux secours.

Cette décision distingue bien les activités aéroportuaires constitutives d'un service public marchand des activités de service public administratif. Pour la Cour, en effet, les services proposés à des passagers lors des escales entrent dans la catégorie des services publics marchands, alors

---

[3] Commission européenne, *Communication,* 20 septembre 2000.

[4] Maurice Hauriou émet des réserves à ce sujet. Il n'accepte pas l'idée « que les représentations *données dans les théâtres publics puissent être des services publics pour le motif qu'il développait en des lignes dénuées de pittoresque que le théâtre a l'inconvénient de prôner l'imagination, d'habituer les esprits à une vie sérieuse... », Note sous C.E., 7 avril 1916, Astruc et Soc. Sirey, 1916, p.3. Lire Jean de Gaudusson, Note sous la décision du T.C., 24 juin 1968, Ursot, Rec. Dalloz, 1969, p.416 ; Daniel Lochak,* à propos des doutes suscités par la décision Ursot, *A.J.D.A.*, 20 décembre 1986, p. 700. Lire aussi J. Lemasurier, « *Réflexions sur la distinction des services publics administratifs et des services publics industriels et commerciaux* », *A.J.D.A.*, 1969, p. 139.

[5] C.E. Ass., 16 novembre 1956, *Union syndicale des industries aéronautiques*, *D.*, 1956, p.759. Les critères dégagés par le juge dans cette affaire, pour distinguer un service administratif d'un service public industriel et commercial, portent sur l'objet, l'origine des ressources et les modalités de fonctionnement. En cas de financement mixte, le juge retient les ressources dominantes.

[6]C.J.C.E., 24 octobre 2002, Aéroports de Paris.

que ceux liés à la sûreté font partie des services publics administratifs.[7] Alors qu'en principe un service public implique la gratuité,[8] le service public marchand suppose une contrepartie financière. On retiendra donc que le service public marchand est une forme particulière du service public classique.[9]

---

[7]Lire aussi dans le même sens, la création du Fonds de garantie automobile.

[8] Lire Catherine Tietgen-Colly, *La légalité de l'intérêt financier dans l'action administrative*, Paris, Economica, 1984, 536p. ; Christian Lavialle, *L'intérêt financier et service public,J.C.P.*, 1991, I, p.21761.

[9] La notion de ''service public'' est apparue, sous sa forme actuelle, au XIXe siècle dans la jurisprudence du Tribunal des Conflits. Cette notion a longtemps constitué la base du droit administratif. Selon Gaston Jèze, « c'est la pierre angulaire » du droit administratif. Elle mettait en jeu les prérogatives de puissance publique et appelait la compétence du juge administratif. De nos jours, cette notion a considérablement évolué, sous l'impulsion du droit communautaire européen. Cette notion est l'une des plus controversées en droit administratif français.

A propos de cette controverse juridique, lire Didier Truchet, *Label de service public et statut du service public, A.J.D.A.,* 1982, p.427 ; Gaston Jèze, *Les principes généraux du droit administratif,* T. II, Girard, 3e éd., 11927, p. 16.

Il est important de préciser que la définition de la notion de service public n'a jamais donné lieu à une définition qui soit admise par tous. Pour le Professeur Didier Truchet « Personne n'a jamais réussi à donner au service public une définition incontestable : le législateur ne s'en est pas soucié, le juge ne l'a pas voulu, la doctrine ne l'a pas pu. », op. cit. p. 482. Néanmoins, on s'accorde pour dire qu'un service public est une activité assurée ou assumée par une personne publique ou privée en vue de satisfaire l'intérêt général. De ce fait, le service public doit être défini au travers du critère organique et du critère matériel : T.C., 8 février 1873, Blanco ; T.C., 6 février 1903, Terrier T.C., 4 mars 1910, Thérond. Lire plus loin, Charles Debbasch, *Droit administratif,* Paris, Economica, 7e éd., 2004, p. 781 ; Gilles J. Guglielmi, *Introduction au droit des services publics, Quentigny,* L.G.D.J., 1994, p. 71 ; Rivero, *Droit administratif ,D.*, 17e éd., 1988, p. 432.

Il est difficile de situer dans le temps, avec précision, les premières interventions directes des personnes publiques dans l'économie. Néanmoins, on sait que celles-ci sont manifestes dès le XIXe siècle, en matière de tabac, d'allumettes et de poudre. Pendant la guerre, l'Etat va se faire ravitailleur, transporteur et assureur ; s'occuper du pétrole à travers la compagnie française de pétrole et de potasse. Cependant, la logique interventionniste s'est confirmée dans les années 1920 avec la décision du 22 janvier 1921.[10]

A l'origine, ces interventions étaient justifiées par la carence de l'initiative privée. Le Conseil d'Etat a admis ces interventions, en particulier, exceptionnellement. Dans l'arrêt Casanova[11], il a admis l'exercice des activités marchandes par les personnes publiques en cas de circonstances exceptionnelles. Parallèlement, les communes ont été autorisées à créer et à exploiter des activités industrielles et commerciales d'intérêt général. Ainsi, a été admise la création des activités économiques en cas de circonstances particulières de temps et de lieu.[12] Les services publics marchands vont, de ce pas, se multiplier. C'est dans ce sens que s'inscrivent les arrêts Commune de Merville Franceville[13] et Ville de Nanterre.[14] Ainsi, l'intervention des personnes publiques dans l'économie est légale sous réserve que celle-ci soit

---

[10] T.C., 22 janv. 1921, *Société commerciale de l'Ouest Africain, Rec.* 91, *G.A.J.A*, 17 éd. 2009, p. 217.

[11] C.E. 29 mars 1901, *Casanova*, *Rec.* 333, *G.A.J.A.*, 17e éd. 2009, p. 51.

[12] C.E. Sect., 30 mai 1930, *Chambre syndicale du commerce en détail de Nevers*, *Rec.* 583, *G.A.J.A.*, 17e éd. 2009, p. 263.

[13] CE Sect., 17 avril 1964, *Commune de Merville-France-Ville*, *Rec.*, p.231.

[14] C.E. Sect, 20 novembre 1964, *Ville de Nanterre, Rec.*, 563 ; *A.J.D.A.*, 1964, p. 686.

nécessaire à la satisfaction des besoins publics, c'est-à-dire l'intérêt général. C'est un devoir pour les personnes publiques d'exercer des activités économiques, afin de permettre à toutes les couches sociales de bénéficier de certains services que les entreprises privées exercent avec discrimination à l'endroit des populations modestes ou ne souhaitent pas les exercer. En même temps, il fallait lutter contre la vie chère. Ces interventions n'étaient encore justifiées que par des raisons contingentes : hostilités et guerres dans le premier cas, la gestion des biens laissés à la France par le vaincu, dans le second cas.

Pendant la guerre, l'Etat va se faire ravitailleur, transporteur et assureur ; s'occuper du pétrole à travers la Compagnie française des pétroles et de potasse.[15]

A partir de 1936, l'Etat interviendra beaucoup plus volontairement qu'auparavant : nationalisation de l'industrie aéronautique en 1936, création de la S.N.C.F.[16] en 1937, nationalisation de l'électricité, du gaz, des charbonnages, des principales banques de dépôts et de compagnie d'assurances en 1945-1946. On précisera au passage que ces interventions ne visaient pas toutes à satisfaire les besoins d'intérêt général. Par exemple, la plupart des banques françaises ont fonctionné comme des banques privées, sans mission d'intérêt général.

On notera, par ailleurs, que l'exercice des activités marchandes par des personnes publiques a fait l'objet de critiques de la part des libéraux et néolibéraux. Prenant appui sur le principe de la liberté du commerce et de l'industrie, les partisans du libéralisme économique n'approuvaient pas la présence des personnes publiques dans l'économie. Cette présence est de nature à fausser le

---

[15] Voir les mines domaniales de potasse d'Alsace.

[16] Société nationale des chemins de fer français, S.N.C.F.

jeu de la concurrence, en étouffant le développement de l'industrie. Enfin, les personnes publiques risquent d'engager les finances publiques, en ce sens que les services marchands sont spéculatifs et que les personnes publiques ne disposent pas toujours suffisamment de compétence. Cette interdiction résulte de l'interprétation du principe de la liberté du commerce et de l'industrie.[17] D'une manière plus large, les activités économiques et privées sont protégées par la liberté d'entreprendre.[18]

Aujourd'hui, l'exercice des services publics marchands n'est plus uniquement subordonné à l'existence de la carence de l'initiative privée, la nécessité d'un intérêt général peut suffire. Tel est l'essentiel de ce qu'il convient de retenir de l'analyse de l'arrêt Conseil d'Etat du 31 mai 2006 : « *Considérant que les personnes publiques sont chargées d'assurer les activités nécessaires à la réalisation des missions de service public dont elles sont investies et bénéficient à cette fin de prérogatives de puissance publique ; qu'en outre, si elles entendent, indépendamment de ces missions, prendre en charge une activité économique, elles ne peuvent légalement le faire que dans le respect tant de la liberté du commerce et de l'industrie (...) ; qu'à cet égard, pour intervenir sur un marché, elles doivent, non seulement agir dans la limite de leurs compétences, mais également justifier d'un intérêt public, lequel peut résulter notamment de la carence de l'initiative privée* »[19]. C'est dire que, désormais, le critère

---

[17] Décret d'Allarde des 2 et 17 mars 1791.

[18] La liberté d'entreprendre a valeur constitutionnelle.

[19] C.E. Ass., 31 mai 2006, *Ordre des Avocats au barreau de Paris*, *R.* 272 ; *A.J.D.A.*, 2006, p.1592.

de l'exercice des activités marchandes par les personnes publiques est l'intérêt public.[20]

En outre, face à la crise des finances publiques, le service public marchand peut constituer une source de ressources nécessaires au financement des projets d'intérêt général. De ce fait, il devient une activité normale et une préoccupation majeure des dirigeants, même si l'on peut regretter que les actes de corruption ne permettent pas toujours d'assurer sa pérennité.

Pour l'essentiel, ce sujet présente un intérêt non négligeable en droit administratif. En effet, à travers le service public marchand par les personnes publiques, le droit administratif va subir de profondes mutations au regard du régime juridique à lui applicable. Au Congo, les travaux portant sur le service public marchand sont rares. Il est *«Une terre inconnue»*[21]. Le service public marchand, comme les autres activités économiques, joue un rôle essentiel dans le développement de la société.

Dès lors, la question que nous nous posons est celle de la contribution du service public marchand dans l'économie et de son régime juridique.

---

[20] Ce qui relève de l'autorité de la puissance publique et qui vise le bien de tous.

[21] Placide Moudoudou, *Droit administratif congolais*, L'Harmattan, 2003, p. 11. Pour l'essentiel, il s'agit d'une opinion émise par C. Pereira, *L'administration congolaise,* Berer-Levrault, 1979 ; J.M. Breton (sous la direction de), *Droit public congolais.*
Le service public marchand, par le fait que son étude touche de façon concrète la gestion des pouvoirs publics justifie, à notre avis, le manque ou la carence des travaux à ce sujet. Toutefois, on ne peut comprendre une telle insuffisance car l'étude du service public marchand est loin d'être un procès contre les personnes en charge de la gestion des services publics industriels et commerciaux. Il s'agit de chercher à comprendre la place du service public marchand dans un monde dominé par l'initiative privée.

De larges pans de l'activité administrative allaient, dès lors, se détacher du droit administratif proprement dit pour retomber dans l'empire du droit privé et le contrôle des juridictions judiciaires. Cette considération prévaut également en droit communautaire européen, qui soumet les activités économiques aux règles du marché et au juge privé.

Pour mener à bien nos analyses, nous nous sommes appuyés sur des textes législatifs, réglementaires et jurisprudentiels. Les opinions doctrinales ont également éclairé notre réflexion. Les exemples, anciens et nouveaux, ont étayé nos arguments.

PREMIERE PARTIE

LA CONTRIBUTION DU SERVICE PUBLIC MARCHAND AU DEVELOPPEMENT DE L'ETAT

L'exercice du service public marchand par les personnes publiques vise la satisfaction de l'intérêt général.[22] Le but est de corriger les inégalités sociales, la répartition des richesses et de tenir compte des impératifs d'organisation économique de l'Etat. Le service public marchand symbolise le bien-fondé de l'existence des personnes publiques. Afin de renflouer ses caisses, l'Etat développe des initiatives économiques. En effet, l'exercice du service public marchand par les personnes publiques est considéré comme une source de revenus nécessaires au financement des projets dans les domaines économique, social et culturel. Cependant, cet intérêt général doit être décidé par les autorités politiques. C'est pourquoi Didier Truchet affirme : « *Tout service public marchand résulte d'une décision d'une personne publique. La création d'un service public est parfois imposée à cette dernière par les textes en vigueur ; le plus souvent elle résulte d'un choix de sa part qui résulte d'une appréciation sur l'opportunité de répondre aux besoins de la population par le public* ».[23]

La création du service public marchand résulte souvent de la volonté politique de l'Etat et des collectivités territoriales, ce qui explique que les services ne soient pas les mêmes sur l'ensemble du territoire. De même, cette option est souvent conditionnée par le respect, ne fût-ce qu'en théorie du « *principe d'égalité* »[24]. L'exercice du

---

[22] Un intérêt général est un besoin exprimé par un plus grand nombre dans la société. C'est une notion contingente, variable en fonction du temps, de l'idéologie ou des circonstances. Voir Didier Linotte et Raphaël Romi, *Droit du service public,* Litec, 2007, p. 8.

[23] Didier Truchet, *Droit administratif,* P.U.F, 4e éd. 2012, p.341-p. 470.

[24] Le principe d'égalité a valeur constitutionnelle. Il implique une égalité de traitement entre les usagers, c'est-à-dire que des usagers placés dans des situations identiques doivent être traités de la même

service public marchand par les personnes publiques se justifie par des besoins d'intérêt général.

---

manière. Toutefois, cela n'empêche pas d'appliquer des règles différentes lorsque les situations des usagers sont différentes.

CHAPITRE 1

LA JUSTIFICATION TRADITIONNELLE DE L'EXERCICE DU SERVICE PUBLIC MARCHAND PAR LES PERSONNES PUBLIQUES

La création d'un service public marchand se justifie par la nécessité de réaliser l'intérêt général. Cependant, celle-ci n'a pas échappé aux critiques des libéraux et des néolibéraux. A ce propos, il importe de faire observer *« qu'en réalité, derrière le raisonnement de Matter se profile l'hostilité des libéraux* de *l'époque aux interventions de la puissance publique dans certains secteurs où il était considéré comme normal, naturel à l'époque, que ça soit l'initiative privée qui mène le bal... »*[25].

En effet, les libéraux s'opposent à toute immixtion dans la sphère économique quelle qu'en soit la forme. Les néolibéraux aussi critiquent l'exercice du service public marchand par les personnes publiques. Mais, à la différence des libéraux, ils n'admettent que le rôle régulateur de l'Etat dans l'économie au moyen d'un acte unilatéral.

---

[25] Jean François Lachaume, Hélène Pauliat, *Droit administratif* (Les grandes décisions de la jurisprudence), 14e éd. 2007, p. 361.

Section 1 : Les critiques de l'exercice du service public marchand

Le décret d'Allarde des 2 et 17 mars 1791[26] a supprimé les corporations pour les personnes qui voulaient librement exercer leur profession. Il a permis de réorganiser le travail et d'abolir le contrôle parfois illégitime des corporations qui avaient la mainmise sur certains corps de métier et sur la gouvernance des villes entières par leur influence politique et économique. Aussi soulignera-t-on que ce décret a été suivi par la loi du 14 juin 1791 et par la loi le Chapelier[27] qui en est très proche. En effet, l'article 1er de la loi le Chapelier dispose : « *L'anéantissement de toute espèce de corporations de citoyens du même état ou profession étant une des bases fondamentales de la constitution française, il est défendu de les établir de fait, sous quelque prétexte et quelque forme que ce soit* ».

Mais, les libéraux et les néolibéraux s'étaient prononcés sur cette liberté en critiquant la présence des personnes publiques dans l'économie. Les deux courants de pensée s'opposent à l'exercice du service public marchand par les personnes publiques.

---

[26] Loi des 2 et 17 mars 1791 dispose : *« A compter du 1er avril prochain, il sera libre à toute personne de faire tel négoce ou d'exercer telle profession d'arts et métier qu'elle sera tenue de se pourvoir auparavant d'une patente, d'en acquitter d'après les taux ci-après déterminés et de se conformer aux règlements de police qui sont ou pourront ».*

[27] Loi le Chapelier du 14 juin 1791. L'article 4 de cette loi est aussi très édifiant : « *Si, contre les principes de la liberté et la constitution, des citoyens attachés aux professions, arts, métiers, prenaient des délibérations...* ».

1. La thèse libérale

L'intervention de l'Etat dans l'économie a pendant longtemps été critiquée par les libéraux. En effet, pour les libéraux, les interventions des personnes publiques pourraient se présenter comme un handicap à la bonne application des règles du marché en mettant en pratique leurs prérogatives de puissance publique.[28] Pour les libéraux, la création du service public marchand peut comporter le risque d'étouffer les personnes privées, mais aussi de leur arracher les parts de marché. L'exercice du service public marchand peut être source d'inégalités entre l'initiative privée et l'Etat. Cette intervention est considérée comme une atteinte aux libertés des personnes. Selon les libéraux, les personnes publiques et privées ne disposent pas des mêmes moyens. Il faut laisser au marché d'opérer les réajustements nécessaires. C'est ce que les libéraux appellent par la main invisible.[29] Les XVII et XVIIIe siècles Smith, Ricardo, Hume, Locke ou Montesquieu puis leurs continuateurs comme Benjamin Constant et Alexis de Tocqueville ont défendu l'intervention des personnes publiques sur le marché. Le groupe penseurs néolibéraux instrumentalise à l'extrême l'aspiration à la liberté des principales figures de la philosophie des lumières et des grands philosophes libéraux anglais. Ce groupe est dominé par Friendrich

---

[28] Cette notion qui, en droit public et notamment en droit administratif, exprime un pouvoir que l'on détient (d'un acte administratif, législatif selon le type de régime dans lequel on se trouve). L'Acte unilatéral est l'œuvre d'une seule autorité.

[29] Le principe de la main invisible signifie que le marché, par lui-même, est en mesure d'opérer les ajustements nécessaires au moyen de l'offre et la demande. Par conséquent, toute intervention de l'Etat dans l'économie est hors de propos.

Hayek (1899- 1992) et par Milton Friedman (1912- 2006). Le premier s'est rendu célèbre.[30] Pour lui, l'ennemi de la liberté est toujours l'Etat, qui prétend intervenir dans la vie des citoyens pour les protéger. Dans *Capitalisme et liberté de 1962, la bible de l'économie néolibérale*, on dissocie capitalisme et liberté et économie et politique comme inséparables et renforce la croyance de type métaphysique dans la supériorité du système de marché libre et toute intervention de l'Etat pour assurer à la fois la liberté et le bonheur de l'Homme. Il parvient à déconsidérer l'ouvrage du grand économiste anglais John Maynard Keynes(1883-1946), qui avait démontré dans ces travaux de la nécessité pour l'Etat de disposer de vastes moyens d'intervention dans l'économie pour encadrer et réguler l'activité économique, assurer le plein-emploi et empêcher les crises cycliques qui affectent la vie du capitalisme moderne.

Le service public marchand a été aussi l'objet de critiques de la part des néoclassiques.

2. La critique néoclassique

Les néoclassiques admettent les interventions des personnes publiques dans l'économie. Ils n'approuvent pas l'exercice du service public marchand par les personnes publiques. Cependant, à la différence des libéraux, les néolibéraux sont quelque peu modérés dans leur critique. En effet, ils n'acceptent les interventions des personnes publiques dans l'économie que sous la forme de régulation au moyen d'un acte unilatéral. Autrement dit, les néoclassiques ont pensé la théorie de l'équilibre général pur et parfait des marchés.

---

[30] Voir *La Constitution de la liberté,* 1960, Litec, Paris, 1994.

En pratique, les néolibéraux, inspirés des théories de Hayek et Friedman, n'en sont pas à une contradiction près et sont les premiers à appeler l'Etat au secours quand les crises surviennent, comme on l'a vu lors de la crise de 2008-2009. Mais, bien sûr, cette intervention dans la sphère des intérêts privés ne peut être que provisoire et doit cesser, sitôt assuré le retour « à la normale » du fonctionnement des marchés. C'est la position traditionnelle des républicains aux USA.

On peut résumer la dogmatique en quelques principes :

- L'être humain en tant que créateur raisonnant agit toujours dans la sphère économique de façon à la fois égoïste, individuelle et ses initiatives économiques afin de maximiser le bien-être.
- L'addition de ces comportements individuels assure le plus grand bien-être de la société.
- L'Etat doit, en conséquence, laisser le champ libre à l'égoïsme individuel et ses initiatives économiques afin de maximiser le bien-être collectif.
- Seul le marché peut former le rôle d'arbitre entre les intérêts individuels par libre jeu de l'offre et de la demande de biens, produits, services actifs financiers ou fonciers.
- L'Etat n'a pas vraiment besoin d'interventions extérieures de la part de l'Etat ou d'organisme de contrôle de nature étatique car, de par sa nature même, il s'auto-corrige chaque fois que ces excès sont communs ou que ces déséquilibres apparaissent ; il est donc lui-même le meilleur régulateur de ses activités, sans besoin de contrôle, tout contrôle ou intervention aboutirait à fausser la concurrence des intérêts privés qui, seule, maximise le bien-être social.

- La spéculation sur les marchés et dénoncée à tort par les spéculateurs ne fait que profiter des dissonances provisoires qui existent sur les marchés ou entre marchés ; ils contribuent, de ce fait, à rendre les marchés égaux et homogènes en supprimant les distorsions qui peuvent naître ici ou là provisoirement ; ils sont donc une force bienfaisante et non point des personnes scrupuleuses et avides de gains rapides et faciles.
- La question du rôle de l'Etat dans l'économie est l'une des rares à avoir fait autant de débats, dans le monde entier, les arguments principaux développés par cette position sont d'une grande pauvreté intellectuelle.

Le secteur public est un mauvais gérant, pour cause :

- L'Etat est gaspilleur par définition et peu soucieux de bien employer les sommes qu'il collecte par impôt ou…
- L'Etat dépense beaucoup trop par rapport à la production de richesses créées chaque année.

Section 2. Le caractère social du service public marchand

L'exercice du service public marchand devient une nécessité sociale, en raison de la carence quantitative et qualitative de l'initiative privée. L'exercice du service public marchand par les personnes publiques contribue au développement des projets de l'Etat. On peut citer en guise d'exemple, le rôle joué par le livret A dans le financement des logements sociaux[31] en France. En effet, il s'agit d'analyser la possibilité pour les personnes publiques de créer un service public, alors que les personnes privées, notamment les entreprises l'exercent déjà. La carence de l'initiative privée peut résulter, bien sûr, de l'absence d'une telle initiative, mais également de son insuffisance qualitative.[32]

1. La carence de l'initiative privée

Dans son ancienne approche, l'exercice du service public marchand par les personnes publiques vise à pallier une carence quantitative et qualitative de l'initiative privée.

La carence de l'initiative privée comporte deux aspects, à savoir la carence quantitative et qualitative.

A. La carence quantitative

Avec l'évolution de la société, les besoins de la population augmentent. Ainsi, du fait que les entreprises privées n'arrivent pas toujours à couvrir les besoins des populations, les personnes publiques peuvent être amenées à corriger cette carence ou cette absence. Pour l'essentiel, il est significatif « *qu'à cet égard, pour intervenir sur un marché, elles doivent non seulement agir dans la limite de leur compétence, également justifier d'un intérêt public,*

---

[31]Aimé Baloki, *Les activités financières de La Poste,* Thèse, Université Paris-Ouest-Nanterre-La-Défense, 2011, p. 99-102.

[32] C.E. Sect., 20 novembre 1964, Ville de Nanterre, R, 563, *A.J.D.A.*, 1964, 686, Chr. Puy basset et Puissochet, pour une référence à la carence de l'initiative privée : C.E., 31 mai 2006, *Ordre des avocats au barreau de Paris.*

lequel peut résulter notamment de la carence de l'initiative privée... »[33].

En effet, l'Etat envisage la répartition sur l'ensemble du territoire des services et biens-services marchands afin de lutter contre la carence qualitative de l'initiative privée implique une amélioration des services publics marchands. Pour l'essentiel, le Conseil d'Etat indique la légalité des interventions des personnes publiques dans le domaine industriel et commercial. Cette activité est, en principe, réservée à l'initiative privée, au sens du principe de la liberté du commerce et de l'industrie, consacré par la loi des 2 et 17 mars 1791.[34] La jurisprudence Chambre syndicale de Nevers est donc relative à l'intervention des personnes publiques en vue de la création d'une activité de service public, dont l'objet est semblable à celui d'une activité privée, le plus souvent industrielle et commerciale. La légalité d'une telle intervention est notamment subordonnée à l'absence de concurrence faite à l'initiative privée. L'intervention publique vise à satisfaire normalement les besoins de la population. Aussi, l'arrêt du 31 mai 2006 permet de bien saisir la nécessité de la création du service public marchand : « *Considérant que les personnes publiques sont chargées d'assurer les activités nécessaires à la réalisation des missions de service public, dont elles sont investies et bénéficient, à cette fin, de prérogatives de puissance publique (...) qu'à cet égard, pour intervenir sur un marché, elles doivent, non seulement agir dans la limite de leurs compétences,*

---

[33] Didier Truchet *Droit administratif,* P.U.F., 4e, 2012, p. 343.

[34] Loi des 2 et 17 mars 1791, relative à la liberté du commerce et de l'industrie.

mais également justifier d'un intérêt public, lequel peut résulter notamment de la carence de l'initiative privée ».[35]

C'est dans cet ordre d'idées que nous allons aborder la carence quantitative et qualitative de l'initiative privée.

Le service public marchand permet aux pouvoirs publics de combler des manquements souvent observés dans la couverture des services sur l'étendue du territoire en besoins fondamentaux de l'homme comme l'eau, électricité, le gaz, la téléphonie, l'activité bancaire, l'assurance, le transport. Dans cette optique, on peut citer l'arrêt Nevers.[36] En effet, par délibérations prises en 1925, 1926 et 1947, le conseil municipal de Nevers avait autorisé le maire à créer un service municipal de ravitaillement en denrées de toutes sortes. La municipalité espérait ainsi enrayer la montée du coût de la vie chère. Saisi des plaintes des commerçants, le préfet avait refusé de déclarer nulles de droit les délibérations du conseil municipal. *« Ainsi, il a été retenu que les conseils municipaux ne pouvaient ériger des entreprises de cette nature en services publics communaux que si, en raison des circonstances particulières de temps et de lieu, un intérêt public justifie leur intervention en cette matière... ».* C'est la raison pour laquelle le Conseil d'Etat interprète donc strictement, notamment à l'époque, les décrets-lois de 1926, d'autant que, si l'on se reporte aux rapports précédant lesdits décrets, ceux-ci autorisaient incontestablement une intervention de la nature de celle décidée par le conseil municipal de Nevers.

En l'espèce, la circonstance invoquée par la ville de Nevers, la lutte contre la vie chère ne constituait pas la

---

[35] C.E. Ass., 31 mai 2006, *Ordre des avocats au barreau de Paris*, *Rec*, 272, *A.J.D.A.*, 2006, 1592, Chr. C. Landais et Lenca.

[36] C.E. Sect., 30 mai 1930, *Chambre syndicale du commerce en détail de Nevers*, *Rec.*, 585 ; *G.A.J.A.*, 17e éd. 2009, p. 263.

circonstance particulière exigée par la jurisprudence. L'exercice du service public marchand par les personnes publiques vise un apport quantitatif des biens et services marchands, c'est-à-dire l'effectivité des services publics marchands que l'initiative privée manquait de réaliser. En effet, le service doit faire bénéficier à toutes les couches sociales. La jurisprudence est constante et explicite à ce propos. En effet, il a été constaté et retenu dans l'arrêt Casanova[37] que la délibération attaquée n'avait pas été prise en vue d'organiser l'assistance médicale gratuite des indigents, conformément à la loi ; que si les conseils municipaux pouvaient, dans des circonstances exceptionnelles, intervenir pour procurer des soins médicaux aux habitants qui en étaient privés. Et il résulte qu'aucune circonstance de cette nature n'existait à Olmeto où exerçaient deux médecins. Il suit que le conseil municipal de ladite commune est sorti de ses attributions en allouant par délibération attaquée, un traitement annuel de 2000 francs à un médecin communal chargé de soigner gratuitement tous les habitants pauvres ou riches indistinctement et que c'est à tort que le préfet a éprouvé cette délibération... La jurisprudence fait état des circonstances exceptionnelles.

Afin de lutter contre cette carence de l'initiative privée au Congo, les pouvoirs publics pourraient créer des services publics marchands dans l'ensemble des collectivités. Ce pourrait être le cas de l'exercice de l'activité bancaire sur l'ensemble du territoire national congolais. Ce qui n'est malheureusement pas le cas actuellement. La plupart des banques telles que la L.C.B.,[38] la B.C.H.[39] ne sont

---

[37] C.E., 29 mars 1901, *Casanova, Rec.* ; *G.A.J.A.*, 17e éd. 2005, p. 51.

[38] La Congolaise des Banques.

[39] Banque congolaise de l'habitat.

implantées que dans les grandes villes, à savoir Pointe-Noire, Dolisie, Ouesso et Brazzaville. Il en résulte une forme d'exclusion sociale, qu'il conviendrait de combattre et corriger. A cet égard, La Banque postale du Congo pourrait être un rempart important en fournissant un service bancaire de base à l'ensemble de la population congolaise, y compris celle vivant dans les zones rurales.

L'exercice du service public marchand par les personnes publiques vise également à combler la carence qualitative de l'initiative privée.

B. La carence qualitative

La carence qualitative de l'initiative privée renvoie à une insuffisance de services du point de vue de la qualité ou de leur valeur marchande. Ainsi, en exerçant le service public marchand, les personnes publiques visent à fournir à la population des biens et services de qualité meilleure et bon marché, voire personnalisés, y compris à des personnes à faibles revenus. L'idée est que l'accroissement de la population et le développement de la société doivent s'accompagner d'une amélioration des conditions d'existence. Ainsi les personnes publiques s'activent, à travers l'exercice du service public marchand, à améliorer également les prestations et les tarifs sur les marchés. Les manquements de l'initiative privée dans la fourniture des biens et prestations de services de bonne qualité, c'est-à-dire la vente des biens et services de bonne valeur, peuvent parfaitement justifier la présence des personnes publiques dans l'économie.

L'arrêt du 30 mai 1930 précité allait également dans ce sens : «… *Il s'agit de la carence de l'initiative privée. Cette carence tient à l'absence ou à l'insuffisance, quantitative ou qualitative de l'initiative privée et la conception des besoins à satisfaire a été assouplie et élargie. Elles ne couvrent plus seulement, comme dans les années 1930, les commerces d'alimentation ou la constitution de la gestion immobilière chargée de la construction et de l'exploitation d'immeubles pour combattre la crise du logement »*[40].

Les arrêts Ville de Nanterre[41]de 1964 et Commune de Merville-Franceville fournissent les illustrations parfaites dans notre démarche.

Dans le même sens, on peut se référer à l'arrêt Unipain. Il s'agissait de la création d'une boulangerie militaire qui fournissait du pain à des établissements pénitentiaires. Ainsi, la fabrication du pain constituait un service public marchand dans la mesure où le service public marchand assurait un intérêt général.[42] Le service public marchand constitue un moyen parmi tant d'autres pour les personnes publiques d'agir sur le marché pour une amélioration qualitative des services.

On ne saurait clore cette section sans pour autant parler de la fonction de régulation que pourrait assurer le service public marchand.

2. Le service public marchand comme modalité de régulation

Par régulation, il faut entendre une technique visant traditionnellement, à travers un acte unilatéral pris par une

---

[40] Voir Josse, *Observations arrêt Chambre syndicale du commerce en détail de Nevers* précité.

[41] C.E. Section, 20 novembre 1964, *Ville de Nanterre* ; C.E. Section, 17 avril 1964, *Commune de Merville- Franceville, Rec*, 231 p.

[42] C.E., 29 avril 1970, Unipain, concl. Braibant ; *R.D.P.*, 1970.423, *Note Marcel Waline.*

autorité administrative, à veiller aux équilibres socio-économiques.

A. La notion de régulation

La régulation n'a de sens véritable en droit administratif que comme une mesure d'intérêt général. La notion de régulation a pris une tournure importante avec la loi du 15 mai 2001 relative aux nouvelles régulations économiques. Par la suite, de nombreuses autres lois ont été adoptées dans ce sens : loi du 20 mai 2005 relative à la régulation des activités postales, loi du 8 décembre 2009 relative à l'organisation et à la régulation des transports ferroviaires. Autant de textes en droit qui régissent la notion de régulation.

En effet, la régulation signifie et désigne une intervention des personnes publiques en vue d'organiser, d'orienter, ou de contrôler un marché. Elle s'attache en réalité au fonctionnement pragmatique du marché et non seulement au comportement des opérateurs. La régulation renferme la notion de réglementation, d'autorisations et même de sanctions. Pour l'essentiel, la régulation est comparable juridiquement à une réglementation. Elle est généralement assurée par des autorités administratives indépendantes. C'est le cas de la COBAC[43] en matière bancaire, de l'ARMP.[44]

En effet, il s'agit d'une technique sectorielle régie par une autorisation d'accès au marché, délivrée par l'autorité de régulation aux opérateurs qui remplissent les conditions prévues par la loi. Aussi, les sanctions sont également une forme de régulation du marché. On peut citer les sanctions

---

[43] Commission bancaire d'Afrique centrale.
[44] Autorité de régulation des marchés publics.

infligées aux opérateurs économiques qui manquent à leurs obligations par les autorités de régulation.

B. La régulation à travers le service public marchand

Notons que la régulation comme nous venons de le faire constater, à travers un acte unilatéral, a toujours existé, mais celle réalisée grâce au service public marchand est quelque peu particulière. Ainsi, les avantages relatifs à l'exercice du service public marchand au niveau social sont nombreux. On peut citer la modération des prix des services et biens-services marchands.

L'exercice de la régulation permet aux populations de bénéficier des tarifs modérés. Aussi, le service public marchand apparaît comme une option louable pour les pouvoirs publics.

L'acceptation de l'exercice du service public marchand par les personnes publiques se présente pour un début, comme une manière de corriger ou de combler la carence de l'initiative privée. Il s'agit plus précisément de la carence quantitative et qualitative de l'initiative privée. Aussi avons-nous observé qu'à côté de la régulation de l'économie au moyen d'un acte unilatéral par une autorité de puissance publique, il existe une forme de régulation par l'exercice direct d'une activité économique.

3. Le service public marchand comme source de revenus pour l'Etat

A. L'approche doctrinale

L'idée que le service public marchand peut être une source de revenus pour l'Etat a été soutenue par René Chapus[45]. Il part de la constatation que les services sont regroupés en deux catégories, à savoir les services de plus grand profit et les services de plus grand service.

En effet, *« L'objet du plus grand service n'exclut pas nécessairement la préoccupation de profit, de rentabilité financière. Les services rendus peuvent donner lieu à rémunération par leurs bénéficiaires. C'est notamment le cas lorsque l'activité exercée a un caractère industriel et commercial ».*

Ainsi, rien ne peut faire qu'une activité de plus grand profit ne devienne une activité de service public. L'exemple à citer dans ce cadre est la *S.N.C.F.*[46] En ce qui concerne les activités de plus grand profit, il convient de relever l'idée que celles-ci se distinguent des activités de plus grand service notamment par le fait qu'elles soient ou non réservées pour le financement ou des activités de plus grand service, c'est-à-dire des services publics. C'est pourquoi, « *l'exploitation financière d'un casino municipal est reconnue comme un service public lorsque les profits réalisés doivent contribuer à financer des activités de plus grand service tendant à l'aménagement d'une station touristique, thermale ou balnéaire ou encore au financement d'une salle municipale de bibliothèque, de*

---

[45] René Chapus, *Droit administratif général*, T1, L.G.D.J., 15e éd., 2008, p. 583-584.
[46] Société nationale de chemins de fer français.

spectacles ou de sports »[47]. Le service public marchand est destiné à satisfaire l'intérêt financier de l'organisme gestionnaire. Mais, il devient une activité de plus grand service lorsque les ressources collectées servent à financer des services publics. Il peut s'agir, en guise d'exemple, de la perception des impôts. Toutefois, la recherche du grand profit n'est pas séparée de la réalisation du plus grand service.

B. Les implications pratiques de cette approche

A l'heure où on assiste à une crise sans cesse des finances publiques, le service public marchand est plus qu'indispensable. En effet, les ressources générées par le service marchand sont utiles au financement des projets économiques. C'est ainsi que l'on peut lutter contre la vie chère. L'exercice du service public marchand par les personnes publiques, à la différence des moyens traditionnels de financement public, est avantageux car les autres techniques de financement des projets de l'Etat comportent beaucoup plus d'inconvénients. On peut citer l'endettement de la République du Congo, lequel a débouché sur fonds vautours[48] qui ont été une grande épreuve pour notre pays. Le recours à l'emprunt et à l'émission des bons du trésor[49], bien qu'ils soient

---

[47] C.E. Sect., 18 mai 1979, Ass .*Urbanisme judaïque Saint-Seurin,* 218, *R.D.P.*, 1979, p. 1481, concl. M-Latournerie (Théatre-casino municipal).

[48] Au Congo, l'emprunt des fonds aux taux d'intérêt élevé n'était pas bénéfique.

[49] Une technique qui permet aux usagers commerçants de déposer des sommes d'argent au trésor, somme qui est utilisée par les pouvoirs publics moyennant des intérêts.

indispensables, peuvent comporter des risques considérables.

Au Congo, la distribution d'eau et la production d'électricité par la création de la S.N.E.[50] et de la S.N.D.E. peuvent aussi être citées comme exemple.[51] En effet, ces deux entités de production, qui ont pour mission de fournir aux citoyens de l'eau potable et de l'électricité, nécessitent d'être plus performantes. La création de ces sociétés d'intérêt général et à but lucratif s'inscrit dans cette logique.

En s'organisant de la sorte, les personnes publiques entendent lutter contre l'insuffisance des finances publiques. En effet, les personnes publiques créent des nouvelles techniques de financement des projets économiques.

L'exercice du service public marchand vise non seulement la rentabilité, gagner de l'argent, mais également à fournir aux citoyens, un service quantitatif et qualitatif dans la mesure où le but de l'Etat, en principe, est la satisfaction de l'intérêt général. La réalisation du profit ne remet pas en cause le caractère public du service marchand.

---

[50]Société Nationale d'Electricité.

[51] Société Nationale de Distribution d'Eau.

CHAPITRE 2
LA REDEFINITION DU CADRE DE L'EXERCICE DU SERVICE PUBLIC MARCHAND

L'exercice du service public marchand se justifie par d'autres raisons, et devient, de ce fait, une activité normale de recherche de profits et bénéfices comme le font les sociétés privées sur le marché. C'est dans ce cadre que l'on fait une extension du principe de la liberté du commerce et de l'industrie. C'est à ce niveau que le service public marchand va désormais faire l'objet des pratiques de toute nature, considérées souvent comme des obstacles à son développement.

Section 1. L'interprétation littérale du principe de la liberté du commerce et de l'industrie

L'exercice du service public marchand par l'Etat doit se faire dans le respect du principe découlant de la loi de 1791[52] sur la liberté du commerce et de l'industrie. L'article 7 de ladite loi proclame le principe de liberté du commerce et de l'industrie. Cela implique que tout obstacle à l'exercice des activités économiques est exclu. Cette loi pose bien des principes et elle comporte également des exceptions.

---

[52] La loi Allarde des 2 et 17 mars 1791 sur la liberté du commerce et de l'industrie.

1. La loi Allarde de 1791

Le décret d'Allarde des 2 et 17 mars 1791 proclame la liberté du commerce et de l'industrie en ces termes : « *A compterdu1^er avril prochain, il sera libre à toute personne* de *faire tel négoce ou d'exercer telle profession d'arts et métier qu'elle sera tenue de se pourvoir auparavant d'une patente, d'en acquitter le prix d'après les taux ci-après déterminés et de se conformer aux règlements de police qui sont ou pourront être* ». Aussi, une telle liberté implique le respect de celui de l'égalité entre les acteurs économiques privés et publics sur le marché.

A. L'affirmation du principe de la liberté du commerce et de l'industrie

La loi de 1791 sur la liberté du commerce et de l'industrie, comme nous l'avons énoncée, posait le principe de la liberté d'exercer des activités à but lucratif par les toutes catégories de personnes, privées comme publiques. Il n'en résulte pas que les personnes publiques n'étaient pas habilitées à exercer de telles activités. En d'autres termes, il n'y ressort pas que les personnes publiques ne sont pas autorisées d'exercer des activités économiques comme le prétendaient les libéraux et des néolibéraux. La nouvelle conception de l'exercice du service public marchand par les personnes publiques s'appuie sur l'ordonnance de 1986[53] et prend également en compte la liberté du commerce et de l'industrie exprimée. Les personnes publiques sont libres d'exercer des services publics marchands. Il n'est plus question de combler une

---

[53] Ordonnance du 1er décembre 1986 en France relative à la liberté des prix et de la concurrence.

quelconque absence de l'initiative privée, mais l'exercice des services publics marchands comme le fait une entreprise privée.

La loi Allarde exprime d'abord la liberté d'entreprendre, c'est-à-dire entreprendre librement une activité économique et d'exercer une profession. Enfin, la loi exprime l'idée de la libre concurrence, autrement dit le fait que les acteurs économiques doivent respecter une éthique qui ne fausse pas la concurrence. Cette liberté implique la neutralité économique de l'Etat, ce dernier ne doit pas fausser la concurrence en exerçant lui-même les activités industrielles et commerciales d'une manière qui romprait l'égalité entre concurrents.

A notre sens, la loi d'Allarde ne s'oppose pas à ce qu'une personne publique exerce une activité économique lorsque celle-ci est justifiée par la poursuite de l'intérêt général.

La jurisprudence estime que la liberté du commerce et de l'industrie s'impose aux personnes privées et à l'administration dans l'arrêt Daudignac.[54] En l'espèce, le maire est investi par une loi de 1884 d'un pouvoir de police spécial relatif à l'exercice dans la profession de photographe filmeur. Le but est de protéger le droit à l'image des passants. En vertu de ce pouvoir, le maire va soumettre l'exercice de cette profession à une autorisation en se fondant sur son pouvoir de police aux termes de l'article 97 de la loi du 5 avril1884, d'après lequel « Le maire doit maintenir l'ordre public dans la rue » et des arrêts du 13 mai 1994 ou 26 juin 1959, Président de

---

[54] Voir dans ce sens l'arrêt du Conseil d'Etat du 9 mai 1951, Daudignac. Malgré certaines restrictions qui relèvent de l'application du principe de continuité, le principe exprime l'idée selon laquelle, l'accès au marché, l'application des mesures dans la gestion des services publics doivent avoir des mêmes effets vis-à-vis d'une personne publique et d'une personne privée.

l'Assemblée territoriale de la Polynésie française, ou syndicat général des ingénieurs au conseil, la liberté du commerce et de l''industrie est définie comme un principe général du droit.

Toutefois, l'exercice du service public marchand par les pouvoirs publics exige le respect du principe d'égalité entre l'Etat et les opérateurs privés.

B. Le respect du principe d'égalité en matière économique

Ici, le principe d'égalité[55] n'est autre que la version économique du principe général d'égalité au sens large. Le respect de ce principe devient une condition essentielle pour l'exercice du service public marchand, impose le respect du principe d'égalité. En effet, l'égalité proscrit les discriminations à l'égard des personnes publiques. Les situations identiques doivent être traitées de la même manière, que les traitements différents peuvent être réservés à des situations différentes. Dans l'arrêt du 9 mai 1951[56], il a été remarqué *« qu'en frappant la société requérante, d'une mesure d'exclusion en raison des incidents sus relatés, sans qu'aucun motif susrelaté, sans qu'aucun motif tiré de l'intérêt général pût justifier cette décision, l'administration de la radiodiffusion a usé de ses*

---

[55] L'arrêt du 10 mai 1974, il a été dit que « tout d'abord, l'arrêt Doneyez met bien en évidence la première condition permettant à la rédaction, à elle seule, des discriminations, il n'y a pas rupture d'égalité entre les usagers lorsque sont traités de façon différente des bénéficiaires d'un même service public entre lesquels existent des différences de situations appréciables ».

pouvoirs pour un autre but que celui en vue duquel ils lui sont conférés et reconnu le principe de l'égalité qui régit le fonctionnement des services publics ».

Ce qui retient notre attention dans cette décision, c'est la notion d'égalité. La jurisprudence est attachée au respect du principe d'égalité pour la régularité de l'exercice du service public marchand. L'idée est qu'en exerçant le service public marchand, les personnes publiques ont l'obligation d'exercer dans les mêmes conditions que les personnes privées pour que leurs actes de commerce soient considérés comme légaux. Le Conseil d'Etat apporte un éclaircissement en estimant, à ce propos, que les obligations fiscales et sociales auxquelles la société Jean-Bernard consultant est soumise dans cette hypothèse sont comparables à celles d'entreprises privées. C'est dire que le principe d'égalité n'interdit pas une différence de traitement entre les usagers d'un même service public dès lors que celle-ci est la conséquence nécessaire de la loi. C'est pourquoi il convient de reconnaître que le principe d'égalité est essentiel pour l'exercice des personnes publiques du service public marchand. Mais, le principe d'égalité dans l'accès et le fonctionnement du service public est sans doute le plus délicat à appliquer aujourd'hui. L'égalité est l'objet de nombreuses politiques publiques, les pouvoirs publics ayant même créé une autorité indépendante en ce domaine : *la haute autorité de lutte contre la discrimination et pour l'égalité.* Donc le principe d'égalité comme le principe de la liberté du commerce et de l'industrie a aussi des exceptions.

Le principe proclamé par la loi Allarde dans son premier sens indique « libre exercice et le libre accès aux activités économiques et donc aux professions ». Mais, pour des raisons d'intérêt général, ce principe a subi de multiples restrictions ou atteintes.

2. Les restrictions au principe de la liberté d'entreprendre

On note deux sortes de restrictions au principe de liberté du commerce et de l'industrie, notamment des limitations liées à la loi et au règlement et celles liées à l'intervention des services et autorités publics. En effet, paradoxalement, la liberté d'entreprendre, la liberté du commerce et de l'industrie, est la mieux protégée, Normalement, par sa consécration constitutionnelle, elle est aussi la plus limitée par les pouvoirs publics.

A. Les restrictions découlant de la loi et des règlements

Le principe de la liberté du commerce et de l'industrie impose également des restrictions liées à la loi et au règlement. La réglementation peut fixer les conditions de déroulement d'une activité et d'éliminer ceux qui ne remplissent pas les conditions. La liberté d'entreprendre a été reconnue par le Conseil constitutionnel comme s'imposant au législateur. Elle a une valeur supérieure à celle de la loi et des restrictions arbitraires ou abusives ne peuvent lui être apportées par la loi.

Le Conseil d'Etat dans un arrêt du 29 juillet 1953[57] répond par la négative, mais moins de six mois plus tard, il admet qu'un tel régime est exclusif à toute liberté. Pour autant, même en présence d'une profession réglementée, le gouvernement ne peut pas soumettre l'accès à l'exercice de l'activité en cause à d'autres limitations que celles qui découlent des dispositions de la loi en cause.[58] En ce qui concerne les restrictions dans ce même ordre, le juge

---

[57] Arrêt du 29 juillet 1953.
[58] Cette notion désigne un besoin exprimé par un plus grand nombre.

estime que, quand des restrictions ont été apportées par des lois dans un secteur économique donné, on peut désormais introduire dans ce secteur des restrictions du même ordre. Ce principe est rapporté dans l'arrêt Laboulaye de 1960, ainsi que dans l'arrêt Société des pétroles Shell-Barre.

B. Les limites jurisprudentielles

La liberté d'entreprendre peut être soumise aux contraintes de l'ordre public. En effet, il y a certains domaines dans lesquels les autorités peuvent limiter la liberté du commerce et de l'industrie. Au cours d'opérations de salubrité, de sécurité, de tranquillité ou de santé publique, pour des raisons d'ordre public certaines restrictions à la liberté du commerce et de l'industrie peuvent intervenir. Mais, il faut noter qu'un objectif d'intérêt général[59] doit justifier la restriction.

Toutefois, les autorités sont tenues de respecter le principe de proportionnalité. C'est ainsi que la jurisprudence Benjamin du 19 mai 1933 [60] estime que les pouvoirs de police permettent d'encadrer l'exercice de la liberté à condition de ne lui porter atteinte de manière disproportionnée. Aussi, l'administration peut prendre des décisions limitant l'accès au domaine public. Les autorités propriétaires et gestionnaires du domaine public peuvent restreindre la liberté des personnes qui y exercent leur profession tant pour des raisons de conservation du

---

[59] Objectif d'intérêt général : sous-entend, une mission ou service qui vise le bien communautaire.

[60] C.E., 19 mai 1933, Benjamin. Le juge a estimé que les services de police peuvent encadrer l'exercice de la liberté, à condition que cela ne se fasse pas de façon disproportionnée.

domaine que du souci d'assurer la meilleure utilisation économique du domaine[61].

On voit bien l'importance du service public marchand. Cependant, les avantages que l'on pourrait en tirer sont souvent compromis. Ainsi, la question de la redéfinition du service public marchand permet également d'analyser le problème de la gestion orthodoxe[62] du service public marchand car celui-ci fait souvent l'objet de plusieurs mauvaises pratiques considérées souvent comme des entraves à son développement.

Section 2. La question de la gestion orthodoxe du service public marchand

Le service public marchand est marqué par plusieurs maux qui l'empêchent de se développer et de rapporter des bénéfices à l'Etat, afin de remplir ses obligations de puissance publique. Outre ces écarts caractérisés par une insuffisance de compétence et l'existence de la corruption, on peut citer le manque de l'entrepreunariat. On fait aussi état du système d'arbitrage au niveau de l'OHADA.

1. L'insuffisance de compétence, la corruption et la mauvaise gouvernance comme freins au développement du service public marchand

Le service public marchand est souvent marqué par d'énormes obstacles. Il s'agit notamment des difficultés liées à l'insuffisance de compétences et surtout aux actes

---

[61] C.E., 29 janvier 1932, Société des autobus Antibois.
[62] Il s'agit d'une gestion claire et juste.

de corruption[63], c'est-à-dire des détournements qui constituent un véritable frein à l'épanouissement du service public marchand.

A. L'insuffisance de compétence

Le service public marchand ne se développe pas comme on le souhaite, surtout dans les pays en voie de développement. De nombreux obstacles sont la cause des faibles rendements économiques attendus du service public marchand. Mais, ces obstacles varient d'un pays à un autre. Toutefois, au-delà de l'insuffisance de compétence[64], il y a les injonctions de certaines composantes de la puissance publique. C'est le cas des services bancaires. En effet, l'activité des banques, par exemple, en Afrique, est caractérisée souvent par une insuffisance de compétences techniques de sécurisation de crédits. On peut ajouter à cette insuffisance de compétences le manque du sens des affaires de certains fonctionnaires assurant ces services. Dans le secteur public, par exemple, le sens de l'accueil fait souvent défaut.

Au Congo, les conséquences de ces manquements furent la liquidation de certaines entreprises publiques. On peut

---

[63] Il s'agit de mauvaises pratiques qui consistent à tirer profit d'un bien, d'une fortune par exemple en usant des manœuvres frauduleuses. La corruption sous-entend la présence du corrupteur et du corrompu. Dans notre cas, il peut s'agir des détournements des biens appartenant à la personne morale, c'est-à-dire celle de l'entreprise.

[64] Insuffisance de compétence : Le nombre réduit des cadres formés dans des domaines de gestion d'entreprise. Manque de spécialistes formés, de techniciens susceptibles de maintenir un équilibre des activités de l'entreprise.

citer le cas de la banque commerciale congolaise. La corruption constitue un autre obstacle au développement du service public marchand.

B. La corruption et la mauvaise gouvernance

Le service public marchand est parfois miné par des actes de corruption et de mauvaise gouvernance, de nature à empêcher son essor. En effet, la corruption constitue un des freins au développement du service public marchand. C'est pourquoi, pour lutter contre cette déviation, le parlement congolais a pris des mesures législatives. Ainsi, l'article 6 de la loi du 22 septembre 2009 vise « la prise illégale d'intérêts ou d'avantages dans un acte ». L'article 9 de cette loi dispose : «... Les mêmes peines seront applicables aux détenteurs de l'autorisation publique qui, sous une forme quelconque et pour quelque motif que ce soit, auront, sans autorisation de la loi, accordé des exonérations ou franchissements de droit, impôts, taxes publiques ou auront effectué gratuitement la délivrance des produits des établissements de l'Etat... »[65]

La mauvaise gouvernance est un obstacle au développement du service public marchand. Elle signifie des écarts dont est coupable le personnel qui a mission de gérer les biens et services de l'Etat. Il s'agit d'une responsabilité des personnels qui ont la charge de mener à bien les entreprises publiques. La dépendance de ces entreprises du ministère de tutelle est à l'origine de l'utilisation illégale et abusive des ressources financières appartenant aux entreprises publiques. Le fait de placer un

---

[65] Loi n° 5-2009 du 22 septembre 2009 sur la corruption, la concussion, la fraude et les infractions assimilées » *J.O.R.C.*, 3 septembre 2009.

personnel douteux à la tête des entreprises publiques en se fondant sur d'autres critères que la capacité de diriger ces entreprises est nuisible au bon fonctionnement et au développement du service public marchand.

Ainsi, du fait de la mauvaise gouvernance, les efforts de développement économique des services publics marchands demeurent vains, alors que ce service aurait pu profiter à la population et à l'Etat. Il s'agit des actes qui sont contraires à la loi et à la déontologie professionnelle, et constituent des fléaux qui ne sont pas propres au service public marchand. La faillite et l'échec des sociétés publiques jadis au Congo telles que l'O.C.C.[66], Sotexco et Impreco puisent leurs racines dans ces pratiques ci-dessus décriées.

Il est nécessaire de lutter contre ces antivaleurs qui constituent un véritable frein au développement du service public marchand.

2. La nécessité de lutter contre ces pratiques

Le service public marchand compte désormais parmi les piliers des projets de l'Etat, qui a donc le devoir et l'obligation de le rendre compétitif. C'est la raison pour laquelle il serait important de pouvoir lutter contre ces mauvaises pratiques décriées afin de s'adapter aux exigences de l'intérêt général.

Lutter contre de telles pratiques suppose la mise en place des sanctions préventives et répressives et l'amélioration des ressources humaines.

---

[66] Par exemple, le nombre réduit de cadres formés dans des domaines de gestion d'entreprise. Manque de cadres qualifiés, des techniciens susceptibles de maintenir un équilibre des activités de l'entreprise.

A. Les sanctions préventives et répressives

Pour rendre compétitif le service public marchand, il est indispensable, sinon primordial de sanctionner les pratiques de corruption. Pour le faire, on doit avoir dans des instances dirigeantes du service public marchand, des personnels qui ont reçu une formation répondant aux tâches nécessaires à exécuter. En Effet, très souvent, ce sont des personnels prétentieux qui perpétuent en grande partie des actes de corruption. La lutte contre les détournements de fonds dans les services publics marchands doit être permanente et efficace.

De même, pour lutter contre ces pratiques, les lois votées dans le but de lutter contre la corruption ne doivent pas demeurer lettre morte. Elles ne doivent pas non plus être appliquées de façon sélective[67].C'est de cette façon que l'on peut lutter contre les actes de corruption afin de permettre le développement du service public marchand. Ainsi en faisant un usage rationnel des ressources générées par ces services publics à but lucratif, on aboutira à une amélioration des ressources humaines.

B. L'augmentation des capacités managériales

On vient d'observer plus haut que la mauvaise gouvernance est une des causes des problèmes que connait le service public marchand. D'où la nécessité de lutter contre les actes qui symbolisent la mauvaise

---

[67] Le caractère impersonnel de la loi est nécessaire, car les auteurs des actes de corruption doivent être punis sans discrimination.

gouvernance[68]. Les prérogatives de l'Etat comme détenteur de puissance publique permettent la continuité[69] de ses initiatives mêmes économiques. C'est une manière de dire que le service public marchand doit s'exercer de façon continuelle en assurant l'intérêt général. Cette continuité justifie le besoin de l'intervention de l'Etat sans discontinuité dans l'exercice du service public marchand. L'exercice du service public marchand nécessite aussi un important travail, car on doit éviter des comportements qui empêchent son évolution. Le professeur Léon Blum répond à cette préoccupation dans sa *théorie du capitalisme public.* Ainsi, pour lui, au sujet de la situation dans laquelle les personnes publiques deviennent des entrepreneurs, et gèrent des entreprises productrices de biens et services vendus sur le marché, *ce qui compte, c'est la nécessité d'aligner le régime de cette activité de la personne publique sur l'issue de ce service public bien que marchand.* La continuité implique ainsi une assurance à l'usager et enlève le caractère pénalisant en cas d'interruption inattendue des activités. Cette continuité du service public marchand, en guise d'exemple, ne peut être possible qu'en luttant contre la mauvaise gouvernance. L'opportunité de l'intervention de l'Etat s'affirme dans cette mesure. C'est pourquoi, il a été retenu que « la distribution d'eau du moment qu'elle tombe dans les prévisions du tarif des patentes, nous paraît impossible au

---

[68] Pour lutter contre les actes qui marquent la mauvaise gouvernance, il faut nommer aux postes de responsabilité dans les entreprises publiques, des personnes par rapport à leur compétence.

[69] La notion de continuité du service public marchand se justifie, tout d'abord, par la nécessité d'une satisfaction normale, c'est-à-dire permanente.

même titre et pour les mêmes raisons que l'exploitation de l'énergie électrique »[70].

L'intervention des pouvoirs publics est nécessaire et justifie l'importance du service public marchand dans le développement économique de l'Etat et pour le bonheur de la société. Cette nécessité s'exprime également à travers l'adaptation des services publics marchands à l'évolution des collectivités locales ou territoriales et aux exigences de l'intérêt général. C'est pourquoi il est important de lutter contre les différents obstacles à son essor.

Même s'il a fait l'objet de critiques virulentes de la part des partisans du libéralisme économique, le service public marchand joue un rôle considérable dans le développement socio-économique de l'Etat. Il permet de lutter contre les exclusions sociales, par la prise en compte des besoins que le secteur privé n'arrive pas à satisfaire efficacement. Dans le même temps, ce service constitue une modalité de régulation de l'économique, sans compter qu'il permet à l'Etat de collecter des fonds nécessaires au financement de certains projets d'intérêt général. Pendant longtemps, l'exercice du service public marchand n'était admis qu'en cas de carence de l'initiative privée. Aujourd'hui, l'on assiste à une redéfinition de son cadre d'exerce : les personnes publiques peuvent intervenir dans la sphère économique, à condition qu'un intérêt général le justifie. Dans le même temps, l'exercice du service public marchand devient une activité normale pour les personnes publiques. C'est dire que la loi d'Allarde des 2 et 17 mars 1791 sur la liberté du commerce et de l'industrie doit être interprétée d'une manière littérale. Toutefois, l'on peut

[70]Alain Serge Mescheriakoff, *Léon Blum, promoteur du capitalisme public*, Etudes en l'honneur du professeur Michel Bazex, Litec, 2009, p.203.

regretter que les espoirs fondés sur ce service soient compromis par les actes de corruption et les insuffisances d'une gestion publique, parfois jugée lourde et désastreuse. Il est donc nécessaire, si l'on veut tirer pleinement profit de ce service, de lutter contre de telles pratiques. De même, la formation du personnel devrait constituer une priorité pour les pouvoirs publics. Pour l'essentiel, l'exercice du service public marchand par les personnes publiques devrait se faire en respectant l'égalité des armes entre secteur public et secteur privé.

DEUXIEME PARTIE

LE REGIME JURIDIQUE APPLICABLE AU SERVICE PUBLIC MARCHAND

Le régime juridique auquel est soumis le service public marchand présente un caractère dualiste, à savoir le droit privé et le droit public. On précisera qu'à l'origine, il est soumis au droit public. Cependant, avec l'apparition des activités industrielles et commerciales dans la sphère de compétence des personnes publiques, le principe est désormais que le service public marchand est soumis au droit privé. Ce n'est qu'exceptionnellement qu'il est placé sous le régime de droit public. Qu'il s'agisse aussi bien du droit français, du droit congolais[71] que du droit applicable dans les Etats de la C.E.M.A.C.[72], les textes juridiques prescrivent les mêmes comportements. Les règles de droit privé applicables au service public marchand sont hétérogènes : il s'agit du Code du travail, des règles relatives aux voies d'exécution et au droit de la concurrence. En ce qui concerne, les règles de droit public, il s'agit de toutes celles qui traduisent l'exercice des prérogatives de puissance publique et garantissent l'intérêt général.

---

[71]Loi n° 06-94 du 1er juin 1994, voir *Codes d'audience* de la République du Congo.

[72]Communauté des Etats de l'Afrique centrale, C.E.M.A.C. Cette communauté est constituée du Cameroun, du Congo, du Gabon, de la Guinée Equatoriale, de la République centrafricaine et du Tchad.

CHAPITRE 1
LA SOUMISSION DU SERVICE PUBLIC MARCHAND AU DROIT PRIVE

L'exercice du service public marchand implique sa soumission au droit privé et à la compétence du juge judiciaire. En ce qui concerne l'application des règles du droit privé, autres que celles relatives à la concurrence, le principe a été posé par la décision Bac d'Eloka[73]. Cependant, l'application des règles de concurrence au service public marchand est nouvelle et date des années 1980 et en particulier de l'ordonnance du 1er décembre 1986. Cette soumission aux règles du marché vise le respect du principe d'égalité entre les acteurs qui opèrent sur un même marché. Toutefois, il existe des exceptions au principe de l'application des règles au service public marchand.

Section 1. L'application des règles du droit commun

L'exercice du service public marchand par les personnes publiques a pour conséquence l'application des règles qui régissent le marché. Cette soumission aux règles du droit commun exige de déterminer le régime juridique du personnel exerçant dans ce service. Pour des raisons pédagogiques, il nous paraît indispensable d'apporter quelques précisons sur la notion de gestion privée, laquelle

---

[73] T.C., 22 janv. 1921, *Société commerciale de l'Ouest-Africain, Rec.* 91, *G.A.J.A.*, n° 36, 17e éd. 2009, p. 216. La décision Bac d'Eloka s'inscrit dans la ligne droite des conclusions du commissaire du gouvernement (rapporteur public aujourd'hui) Romieu, sous l'arrêt Terrier du Tribunal des Conflits en date du 6 février 1903. La solution est appliquée dans l'arrêt Société des Granits Porphyroïdes des Vosges, du 31 juillet 1912, *G.A.J.A.*

gestion privée appelle la compétence du juge judiciaire, ainsi que le régime juridique applicable au personnel gérant un service marchand.

1 La notion de gestion privée

A. La signification de la notion de gestion privée

La notion de gestion privée est clairement affirmée par l'arrêt Bac d'Eloka du 22 janvier 1921[74]. On y précise que la notion n'est pas nouvelle : elle est déjà présente dans la jurisprudence du Conseil d'Etat[75]. Mais l'arrêt précité a ceci de particulier qu'il généralise cette notion à l'ensemble des services publics. On parlera alors de services publics industriels et commerciaux. Ce qui conduit logiquement à un aperçu sur le confit de compétence. Les commentateurs de l'arrêt Bac d'Eloka font un rappel édifiant sur cette question : « *Mais avant 1921, cette notion demeurait limitée à des opérations isolées, telles la gestion du domaine privé ou la conclusion de certains contrats : nul n'aurait admis alors que des services entiers puissent être considérés comme fonctionnant sous le régime de la gestion privée. L'innovation fondamentale vient de l'arrêt Société commerciale de l'Ouest africain...* ».

---

[74] T.C., 22 janv. 1921, *Société commerciale de l'Ouest africain, Rec.* 91, *G.A.J.A.*, 17e éd. 2009, p. 217.

[75] C.E., 6 février 1903, *Terrier, G.A.J.A.* : « *D'autre part, il peut se faire que l'administration, tout en agissant, non comme personne privée, mais comme personne publique, dans l'intérêt d'un service proprement dit, n'invoque pas le bénéfice de sa situation de personne publique et se placer volontairement dans les conditions d'un particulier* ».

La notion de gestion privée renvoie à une gestion comparable à celle des entreprises privées. Ici, les personnes publiques exercent des activités comparables à celles exercées par des opérateurs privés. Ainsi, a-t-il été établi que «…, d'autres services, au contraire, sont de nature privée, et s'ils sont entrepris par l'Etat, ce n'est qu'occasionnellement, accidentellement, parce que nul particulier ne s'en est chargé, et qu'il importe de les assurer dans un intérêt général ; les contestations que soulève l'exploitation ressortissent naturellement de la juridiction de droit commun ». Pour l'essentiel, pour marquer l'innovation, l'arrêt Bac d'Eloka a retenu « qu' en effectuant, moyennant rémunération, les opérations de passage des piétons et des voitures d'une rive à l'autre de la lagune, la colonie de la Côte d'Ivoire exploite un service de transport dans les mêmes conditions qu'un industriel ordinaire ; que, par la suite, en l'absence d'un texte spécial attribuant compétence à la juridiction administrative, il n'appartient qu'à l'autorité judiciaire de connaître des conséquences dommageables de l'accident invoqué ».

Ainsi, selon les conclusions de Matter[76] les services de type industriel et commercial : eau, gaz, électricité, transport, sont de nature privée et, s'ils sont entrepris par l'Etat et les autres personnes publiques, ce n'est qu'occasionnellement, accidentellement, parce que nul particulier ne s'en est chargé, et qu'il importe de les assurer dans un intérêt général ; les contestations que soulève leur exploitation relèvent naturellement de la juridiction du droit commun. Il s'agit du régime de droit privé énoncé auparavant avec les conséquences qui en découlent.

---

[76]Jean-François Lachaume et Hélène Pauliat, op. cit. p. 360.

On soulignera que la notion de gestion privée appelle la compétence du juge judiciaire.

B. La compétence du juge judiciaire

La notion de gestion privée implique la compétence du juge judiciaire. C'est dire que lorsque les personnes publiques exercent des services publics marchands, elles sont, en principe, soumises à la compétence du juge judiciaire. Tel est le sens de la décision Bac d'Eloka précitée. On précisera également que cette approche avait été déjà annoncée par le commissaire du Gouvernement Romieu dans l'arrêt *Terrier* de 1903.

Avec l'exercice du service public marchand par les personnes publiques, on peut désormais réellement parler de la séparation de compétence entre le juge administratif et le juge judiciaire, solution pourtant rejetée par l'arrêt *Blanco* de 1873. En effet, cette intervention dans un domaine traditionnellement réservé à l'initiative privée permet d'écarter l'idée de conflit de compétences. Rappelons que le juge administratif a souvent utilisé la notion de gestion privée du service public sans mettre en cause de façon claire la compétence du juge administratif. Il est fait état en doctrine et en jurisprudence de conflit de compétences entre les juridictions administrative et judiciaire. Normalement, on ne devrait plus parler de conflit de compétences, car le juge judiciaire peut intervenir dans les affaires qui relèvent de la compétence de l'administration. En effet, c'est partant de la suite donnée à cette affaire que la compétence du juge judiciaire va être retenue dans ce genre d'affaires.

Il est clair que la notion de séparation des pouvoirs ou des compétences entre les juridictions administrative et judiciaire perdait son sens. On peut désormais parler dans une certaine mesure de l'unité du droit.[77] L'exercice du service public marchand par les personnes publiques cautionne l'unité du droit, car désormais on reconnaît la compétence du juge judiciaire dans la résolution des affaires relevant de l'administration.

2. Le régime juridique du personnel gestionnaire du service public marchand

En principe, le régime juridique applicable au personnel gestionnaire du service public marchand est celui de droit privé. Le personnel est soumis au Code du travail.

A. Le personnel exerçant dans les régies

En principe, le personnel assurant l'exercice du service public marchand est soumis au droit commun du travail, sauf pour le directeur général et le comptable public. Ceux-ci sont soumis directement au statut de la fonction publique. Lorsque le personnel appartient à une société anonyme résultant généralement d'un EPIC, celui-ci est soumis également au Code du travail. Néanmoins, des techniques de mise à disposition ou de détachement peuvent être mises en place. C'est la solution qui a été adoptée par La Poste avec le changement de statut en 1991 et la création de La Banque Postale en 2005.

Pour revenir sur le cas des régies, il convient de souligner que la situation du personnel est quelque peu différente. En effet, le personnel gérant le service public marchand,

---

[77] Notion qui indique en droit la possibilité d'appliquer les règles de droit privé dans l'administration et de droit administratif dans des affaires privées.

dans le cadre d'une régie, est soumis au droit administratif. On précisera que la régie désigne l'exploitation d'un service public par une personne publique, c'est-à-dire l'Etat ou une collectivité territoriale avec son propre personnel et son propre matériel. Il bénéficie des prérogatives de puissance publique.

Pour l'essentiel, leur situation n'est pas la même que l'on soit dans une régie simple, c'est-à-dire lorsque les recettes et les dépenses du service public sont inscrites dans le budget et la comptabilité de la personne publique. La régie directe, dotée d'une autonomie financière, d'une comptabilité propre ou d'un budget propre ou annexe. Cette dernière forme correspond à la situation des établissements industriels et commerciaux. En somme, « Le juge considère aujourd'hui que lorsqu'un établissement est dit industriel et commercial par le texte qui l'institue, son activité est industrielle et commerciale »[78]. Nous ajoutons que la situation juridique du personnel évoluant dans de tels établissements est identique au statut juridique de cet établissement. Toutefois, la situation est plus complexe dans le cadre de délégation de service public.

B. La délégation de service public marchand

En principe, lorsque le service public marchand est délégué, c'est-à-dire confié à une entreprise publique ou privée, celui-ci est assuré par un personnel soumis au Code du travail. La situation juridique du personnel exerçant dans un établissement public dans l'ordre du service public marchand bénéficie des mêmes avantages prévus par les textes qui régissent le droit du travail. En

---

[78] Didier Truchet, *Droit administratif*, op. cit., p. 340.

effet, la délégation de service public est considérée comme un contrat par lequel une personne morale de droit public confie la gestion d'un service public dont la responsabilité à un délégataire public ou privé dont la rémunération est substantiellement liée aux résultats de l'exploitation du service. De nombreux litiges naissent souvent lorsqu'il s'agit de déterminer le régime juridique du personnel exerçant une activité de service public marchand au cours ou dans le cadre de la délégation de service public. En effet, il est souvent observé que si les dispositions de l'article L.122-12, al. 2 du Code du travail, interprétées au regard de la directive 77/187/C.E.E. du conseil du 14 février 1977, modifiée par la directive 98/50/C.E.et désormais remplacée par la directive 2001/23/C.E. du conseil du 12 mars 2001, imposent le maintien des contrats de travail en cours, y compris dans le cas où l'entité économique transférée constitue un service public administratif dont la gestion, jusqu'ici assurée par la personne privée, est reprise par une personne morale de droit public normalement liée à son personnel par des rapports de droit public. Elles n'ont pas pour effet de transformer la nature juridique des contrats de travail en cours qui demeurent des contrats de droit privé. Pour l'essentiel, ce personnel est régi par les instances du droit du travail. En effet, il a été retenu que « ce texte destiné à assurer aux salariés des emplois plus stables, doit recevoir son application dans tous les cas où la même entreprise continue de fonctionner sous la direction nouvelle ; qu'il suit de là que nouveau concessionnaire d'un service public qui, à l'inspiration d'un précédent contrat de concession passé avec une personne, est chargé par l'autorité compétente de continuer le fonctionnement du même service public, doit être considéré comme un nouvel entrepreneur, au sens du texte susvisé, tenu dès lors de respecter les contrats de travail en cours »[79].

On peut, cependant, distinguer la situation du personnel exerçant en régie de la situation du personnel dans le cas de délégation de service.[80] A cet effet, Emmanuelle Marc a apporté des éclairages au sujet de la situation juridique des personnels exerçant dans le service public marchand. La question du sort des personnels employés dans le cadre d'une activité de service public, dont le mode de gestion est modifié, a longtemps trouvé un écho relativement discret dans la doctrine et dans la jurisprudence publiciste, tandis qu'elle était largement nourrie par la jurisprudence travailliste. Cette question est en effet dominée, de longue date, par l'article L.224-1, du Code du travail : « Lorsque survient une modification dans la condition juridique de l'employeur, notamment par succession, vente, fusion, transformation du fonds, mise en société de l'entreprise, tous les contrats de travail en cours au jour de la modification subsistent entre le nouvel employeur et le personnel de l'entreprise »[81].

La précision vient de « l'article 45 du titre VI relatif aux nouveaux statuts du personnel de la S.N.E. : « Le personnel de la Société nationale d'électricité est régi par le Code du travail et la convention collective du secteur électricité »[82]. Le personnel du service public marchand

---

[79]C.E., 27 février 1934, Goupy ; *Etudes en l'honneur du professeur Michel Bazex,* Litec. 2005, p.254.

[80]C'est une technique par laquelle une personne publique confie la gestion d'un service public à une personne morale de droit privé ou de droit public dont le gestionnaire est rémunéré, en fonction des résultats de l'exploitation.

[81]Emmanuelle Marc, *Délégation de service public et fonction publique,A.J.D.A.*, 2013, p.1456.

[82]Décret, n° 2013-416 du 9 août 2013 portant approbation des statuts de la S.N.E., *J.O.R.F.*, n°33-2013, p.754.

relève du régime juridique du droit du travail. Après avoir examiné la soumission du service public marchand aux règles du droit commun, on abordera les dérogations aux règles de concurrence.

En droit français, en droit communautaire européen, en droit applicable dans des Etats de la C.E.M.A.C.et du Congo, on retrouve quasiment les mêmes principes. Ces activités sont directement utiles grâce à une soumission à des impératifs de gestion ou d'amélioration de techniques industrielles et économiques dans les exigences des règles de concurrence. Autrement dit, on note des éléments communs à la France, à la communauté européenne, au Congo et à la C.E.M.A.C., de la détermination des pratiques anticoncurrentielles et éventuellement des sanctions. Toutefois, on note également des exceptions à l'application des règles de concurrence malgré ces nouvelles exigences.

Section 2. La soumission du service public marchand aux règles de concurrence

Dans une économie libérale, l'existence des règles de concurrence vise à assurer une compétition saine et parfaite. Une telle concurrence peut favoriser le développement de l'industrie, mais aussi de l'innovation. La réglementation applicable dans les Etats prohibe certaines pratiques considérées comme anticoncurrentielles. Le non-respect de celle-ci entraîne des sanctions. Et en cas de litige, c'est le juge judiciaire qui est compétent, sauf dans les cas où le service public marchand déroge aux règles de concurrence. Les règles de concurrence dans le cadre de la C.E.M.A.C. coexistent avec les règles nationales, mais les règles communautaires priment sur les règles nationales.

1. Les règles de concurrence entre entrepreneurs

Par règles de concurrence entre entrepreneurs, il faut entendre les règles qui s'appliquent entre les entreprises privées. Ces règles concernent également les personnes publiques, lorsque celles-ci se comportent comme des personnes privées. Les pratiques anticoncurrentielles prohibées sont nombreuses. On peut citer les ententes, les abus de position dominante.

A. Les ententes

Au sens de l'article L.240-1 du Code de commerce français, on entend par entente, des accords, des décisions d'associations, d'entreprises. Ceux-ci peuvent être exprès ou tacites. Les ententes expresses ne posent pas de difficulté d'identification.

Le service public marchand est soumis aux règles de concurrence qui prohibent les ententes, et notamment l'article L.420-1 du Code de commerce. On entend par ententes, des accords, des décisions d'associations, d'entreprises. Elles peuvent être expresses ou tacites. Ce type d'entente ne pose pas de difficulté d'identification. Pour la C.J.C.E., l'article 101 du T.F.U.E. s'applique dès lors que la stipulation mise en cause est l'expression de la volonté des parties, peu importe qu'elle constitue un contrat obligatoire et valide selon le droit national.[83] Pour qu'il y ait entente, au sens de l'article précité, il suffit que

---

[83] C.J.C.E. 11 janvier 1990, *Sandoz c/Commission,* Aff. C. 277-87, R, 1-45, Concl. Av. GN .W. Van. Gerven, publication Sommaire ; T.P.I.C.E., 11 décembre 2003, Minoan Lines.

les entreprises aient exprimé leur volonté commune de se comporter sur le marché d'une certaine manière.[84]

Par décision d'associations, on entend celles qui émanent d'organismes professionnels, rassemblant des entreprises, et chargées de veiller à leurs intérêts communs. Dans un premier temps, il s'agit des ententes horizontales, celles qui sont conclues entre entreprises qui opèrent sur le même marché au même stade du processus économique dont la vocation est, par conséquent, de se faire concurrence entre elles. On peut aussi citer des ententes verticales, conclues entre entreprises qui n'opèrent pas au même stade du processus économique et ne sont pas concurrentes entre elles. Il peut s'agir d'accords conférant aux parties l'accès exclusif ou privilégié à un marché qui n'a pu s'ouvrir que grâce à des investissements extrêmement importants auxquels ces entreprises ont consenti. En ce qui concerne les ententes verticales, on citera l'exclusivité d'approvisionnement.

Ainsi, « sont prohibées même par l'intermédiaire direct ou indirect d'une société du groupe, implantée hors de France, lorsqu'elles ont pour objet ou peuvent avoir pour effet d'empêcher, de restreindre ou de fausser le jeu de la concurrence sur un marché, les actions concertées, conventions, ententes expresses ou coalitions, notamment lorsqu'elles tendent à :

- limiter l'accès au marché ou le libre exercice de concurrence par d'autres entreprises ;
- faire obstacle à la fixation des prix par le libre jeu du marché en favorisant artificiellement leur hausse ou leur baisse ;

---

[84] T.P.I.C.E., 24 octobre1991, Petrofinac/ Commission, Aff., T-2/89, Concl. B. Vesterdof, R II, p. 1087.

- limiter ou contrôler la production, les débouchés, les investissements ou les progrès techniques ;
- répartir les marchés ou les sources d'approvisionnements ;[85]
- l'obligation faite aux personnes publiques ou privées qui ont la charge de gérer les services publics marchands est de respecter les règles de concurrence. En effet sont prohibées des pratiques tendant à fausser le jeu de la concurrence. Les conditions d'annulation ont été réunies et appliquées dans l'arrêt Société Cegedim[86]. en censurant un arrêté qui établissait les tarifs de vente des fichiers de l'I.N.S.E.E., parce qu'il mettait celui-ci en position d'abuser de l'influence économique.

Certaines dispositions peuvent être déclarées inapplicables à tout accord ou catégorie d'accords entre entreprises, et à toutes pratiques concertées qui contribuent à l'amélioration de la production ou la distribution des produits à promouvoir le progrès technique ou économique. Ici, ce qui est à retenir, c'est que la fixation des prix, la limitation de la production, le partage de marchés et de la clientèle sont interdits en raison de leur objet restrictif de la concurrence.

Toutefois, on note des dérogations à l'interdiction aux ententes. Aux termes de l'article 42 du T.F.U.E., ex-article 36 T.C.E.[87], les dispositions du chapitre relatif aux règles de concurrence ne sont pas applicables à la production, au

---

[85] Article L. 420-1, modifié par loi n° 2001-420 du 15 mai 2001, *J.O.R.F.* 16 mai 2001.

[86] C.E., 29 juillet 2002, Société Cegedim, *Rec.*, 280 ; *D.A.*, 2002, n°173, note Michel Bazex et Sophie Blazy.

[87] Article 24 du T.F.U.E. ex-article 36 du T.C.E.

commerce des produits agricoles que dans la mesure déterminée par le parlement européen. Les juges et plusieurs institutions ont été conduits à adopter à ces diverses occasions des interprétations qui affaiblissent la portée des dérogations. On peut citer l'affaire des viandes bovines françaises. Il s'agit d'une affaire dans la crise de la vache folle qui, malgré la présence de l'engagement provisoire de suspension des exploitations et l'engagement d'application de la grille de prix d'achat des vaches de réforme. En résumé, la commission a estimé qu'aucune des dérogations n'était applicable et que l'accord incriminé n'échappait pas au champ d'application de l'article 82 §1 du T.C.E., actuel article 101 du T.F.U.E.[88] La C.J.C.E. parle à propos des ententes, des infractions complexes et continues sous la forme imbriquée d'accords et de pratiques concertées en complément d'ententes précisées par l'article 101 T.F.U.E. C'est le sens donné à l'affaire du Cartel du polypropylène.

Toutefois, la répression n'intervient qu'à la seule condition que ces accords aient pour objet ou pour effets de fausser le jeu de la concurrence. L'article L.420-1 du Code de commerce vise les ententes qui ont pour objet ou effet d'empêcher, de restreindre ou de fausser le jeu de la concurrence. Une entente dont l'objet est anticoncurrentiel peut être déclaré illicite sans avoir reçu application. Ces accords doivent affecter le marché en cause de manière sensible.

On soulignera que la législation de la C.E.M.A.C. qui va dans le même sens que le droit européen et français au sujet des ententes, n'est pas restée muette au sujet des ententes. La réglementation relative aux ententes est

---

[88] C.J.C.E., 13 février 1979, Hoffman-La-Roche, *Rec.*, 1979, p. 1139.

prévue à l'article 2 du Règlement du 25 juin 1999[89] et à l'article 3 du même règlement, en ce qui concerne les sanctions desdites ententes. Le droit de la Communauté des Etats membres de l'Afrique centrale présente un régime des ententes qui est régi par un principe d'interdiction et de dérogations à ce principe. L'article 3 du même texte sanctionne, pour les ententes, celles « qui ont pour effet de restreindre ou de fausser le jeu de concurrence ». L'atteinte signifie que la concurrence doit être faussée soit entre les parties, soit à l'égard des tiers. L'article 2 du Règlement n°1 interdit les pratiques qui tendent à faire obstacle au jeu de concurrence.

Au Congo, la réglementation prohibant les pratiques anticoncurrentielles est prévue par la loi de 1994 relative à la réglementation des prix, des normes commerciales, constatation et répression des fraudes.[90] Il faut noter que la soumission du service public marchand au droit de la concurrence au Congo s'articule autour de l'article 10 du Titre IV, qui dispose que sont considérées comme pratiques anticoncurrentielles interdites et sanctionnées, les actions concertées, les conventions, les ententes expresses ou tacites ou les coalitions tenant à limiter l'accès du marché à certaines entreprises ; empêcher ou fausser le jeu de la concurrence sur un marché par la pratique des prix imposés les moyens en vertu d'une position dominante ou des ententes; limiter la production,

---

[89] Règlement n°1/99/UEAC/CM/639 du 25 juin 1999 portant réglementation des pratiques commerciales anticoncurrentielles. Ce texte a été modifié par le Règlement n°4/99/UEAC/CM/639 du 18 août 1999 portant réglementation des pratiques étatiques affectant le commerce entre les Etats membres et par le Règlement n°12/05 du 25 juin 2005.

les débouchés des investissements, les progrès techniques ; répartir les marchés ou approvisionnements ; créer des pénuries à effet de faire obstacle à la fixation des prix par voie, règlement ou par le libre jeu du marché ou de favoriser artificiellement la hausse des prix.[91]

Le législateur congolais donne également des précisions sur les règles de concurrence applicables sur le plan financier, car la loi portant « charte des investissements constitue un exemple, et l'article 6 dispose : « *Dans le respect des droits et des obligations relatifs à l'exercice de leurs activités, les personnes physiques et morales bénéficient de l'égalité de traitement suivant les règles de concurrence* »[92].

L'alinéa 2 de l'article 16 dispose que « … La réglementation, sur la concurrence et sur la protection des consommateurs, assure la libre concurrence comme moyen d'accroître la productivité et garantit aux consommateurs un meilleur rapport qualité/prix, tenant compte de la santé et de l'environnement »[93].

Les mêmes dispositions existent aussi en République centrafricaine. Il s'agit de la loi du 6 mai 1992,[94] qui régit les pratiques concurrentielles. La loi libère tous les prix de tous produits locaux ou d'importation et prohibe les pratiques non concurrentielles. Elle oblige tout commerçant ou prestataire de service d'informer le consommateur sur les prix pratiqués par voie de

---

[91] Voir l'article 10 de la loi n°6-94 du 1er juin 1994 portant réglementation des prix, des normes commerciales, constatation et répression des fraudes. *J.O.R.C.* juin 1994.

[92] Loi n°6-2003 du 18 janvier 2003 portant charte des investissements, *J.O.R.C*, janvier 2003.

[93] Idem.

[94] Loi n 92-002 du 6 mai 1992 portant libéralisation des prix et réglementation du commerce, *J.O.R.C.*, mai 1991.

marquage, affichage ou tout autre procédé approprié ; interdit les pratiques restrictives et crée un comité national de la consommation chargé de statuer sur les pratiques non concurrentielles. La surveillance de la concurrence et la répression des fraudes sont placées sous la responsabilité du ministre chargé du commerce, qui doit l'exercer par le biais des fonctionnaires mandatés. La loi définit aussi la procédure des enquêtes et contrôles, de même que les peines prévues en cas d'infractions »[95].

Or, le développement des activités marchandes de l'Etat dépend du respect des règles internes, régionales et communes relatives au droit de la concurrence. Ainsi, c'est « un cadre grâce auquel l'autorité de concurrence tente un certain nombre de variations de prix ou de quantités dont il lui faudra ensuite trouver la source de la manière la plus objective possible »[96]. Aussi, est prohibée, la pratique des prix prédateurs, la vente en dessous du coût variable.

On peut maintenant examiner de l'abus de position dominante.

B. L'exploitation abusive d'une position dominante

Aux termes de l'article 102 du T.F.U.E., est incompatible avec le marché intérieur et interdit dans la mesure où le commerce entre Etats membres est susceptible d'être affecté, le fait, pour une ou plusieurs entreprises, d'exploiter de façon abusive une position dominante sur le

---

[95] Etude d'impact des accords de partenariat économique sur le commerce des services de la C.E.M.A.C. dans ses relations avec l'Union Européenne, *J.O.R.C.*, février 2006.

[96] Benoit Goldman, *Droit commercial européen*, Précis Dalloz, 5e éd., 1994.

marché commun ou dans une partie substantielle de celui-ci. La même pratique est prohibée à l'article L.420-2 du Code de commerce. L'abus de position dominante suppose avant tout que plusieurs entreprises occupent une position dominante soit sur le marché intérieur sur une partie substantielle de l'un ou l'autre de ces marchés, soit là où les entreprises en cause ont exploité abusivement cette position dominante. On précisera qu'une position dominante n'est pas en soi prohibée, mais c'est son abus qui l'est.

La notion de position dominante a été définie dans l'arrêt Hoffmann-la Roche du 13 février 1979[97] : « attendu (…) que la position dominante ainsi visée concerne une situation de puissance économique détenue par une entreprise, qui lui donne le pouvoir de faire obstacle au maintien d'une concurrence effective sur le marché en cause en lui fournissant la possibilité de comportement indépendant dans une mesure appréciable vis-à-vis de ses concurrents, de ses clients et, finalement, des consommateurs ». Par la suite, à la différence d'une situation de monopole ou d'une certaine concurrence, mais met la firme, qui en bénéficie en mesure, sinon de décider, tout au moins d'influencer notablement les conditions dans lesquelles cette concurrence se développera, sans devoir en tenir compte et sans pour autant que cette attitude lui porte préjudice; qu'une telle position dominante doit également être distinguée des parallélismes de comportements propres aux situations d'oligopole, en ce que, dans un oligopole, les comportements s'influencent réciproquement tandis qu'en cas de position dominante le comportement de l'entreprise qui bénéficie

---

[97]C.J.C.E., 13 février 1979 précité.

de cette position est, dans une large mesure, déterminé unilatéralement.

Toutefois, l'arrêt Hoffmann soulève l'idée selon laquelle « la notion d'exploitation abusive est une notion objective, qui vise les comportements d'une entreprise en position dominante qui sont de nature à influencer la structure d'un marché ou à la suite précisément de l'entreprise en question le degré de concurrence est établi et qui ont pour effet de faire obstacle, par le recours à des moyens différents de ceux qui gouvernent une compétition normale des produits ou services sur la base des prestations des opérateurs économiques au maintien du degré de concurrence existant encore sur le marché ou au développement de cette concurrence ».

L'article précité du Traité dresse une liste des pratiques constitutives d'abus de position dominante. Il s'agit des pratiques qui consistent à imposer, de façon directe ou indirecte, des prix d'achat ou de vente des conditions de transaction non équitables ; de limiter la production, les débouchés ou développement technique au préjudice du consommateur ; d'appliquer à l'égard des partenaires commerciaux des conditions inégales à des prestations équivalentes, en leur infligeant, de ce fait, un désavantage dans la concurrence ; subordonner la conclusion des contrats à l'acceptation, par leur nature ou selon les usages commerciaux, n'ont pas lieu avec l'objet de ces contrats.

L'article L.420-2 du Code de commerce énumère d'autres exemples. Il s'agit du refus de vente, de ventes liées ou des pratiques discriminatoires, des ruptures des relations au motif que le partenaire aurait refusé d'accepter des conditions commerciales injustifiées. Mais, la jurisprudence et la pratique de l'Union européenne permettent de distinguer des types de comportements qui peuvent être constitutifs d'abus de position dominante. On vise les comportements tendant à évincer les concurrents à réduire leur part de marché ou de leur enfermer l'accès. Ces comportements sont indirects lorsqu'ils consistent à neutraliser les concurrents. La neutralisation des concurrents actuels ou futurs peut consister à un blocus des marchés,[98] un refus de fourniture. Il est indirect lorsqu'il vise à accaparer les relations avec les clients ou les fournisseurs. L'abus de position dominante peut encore se manifester par l'accaparement des relations avec les clients ou les fournisseurs. C'est un procédé indirect d'éviction des concurrents : la contrainte et les faveurs injustifiées ou encore la pratique de prix prédateurs ont été définies à propos de l'entente

De même, la pratique des prix inférieurs à la moyenne des coûts variables est abusive. Le Conseil a retenu comme critères d'analyse, en vue de déterminer si une entreprise abuse de sa position dominante de tarification comme il est établi l'existence d'un abus de position dominante, il suffit de considérer les coûts et la stratégie de l'entreprise, c'est-à-dire si elle pratique délibérément des prix anormalement bas. Certes, ceux-ci peuvent être supérieurs aux coûts moyens variables, mais ils sont toujours inférieurs aux coûts moyens totaux. L'objectif est celui d'éliminer des concurrents aussi puissants qu'elle, dans l'espoir de récupérer les pertes enregistrées une fois les concurrents évincés.

En droit de la concurrence applicable dans les Etats de la C.E.M.A.C., les abus de position dominante sont prévus aux articles 15 et 16 du Règlement n°1/99. Mais, il convient de souligner qu'il ne s'agit guère d'empêcher la création d'entreprises qui est adaptée, car la position dominante n'est pas interdite en soi. Ce qui est interdit, c'est le fait d'abuser de la force acquise. En parcourant

---

[98]C.J.C.E., 6 octobre 1994, Aff. T-83/91 Tétra Park.

l'article 16 du règlement précité, aucune définition de l'abus de position dominante n'est donnée. Le texte se borne à en donner quelques exemples. Une telle position ne sera considérée par le droit communautaire que si elle est susceptible de mettre à mal ou d'affecter les échanges dans l'espace commun.

Après avoir examiné des abus de position dominante, abordons les règles relatives aux aides d'Etat. Des liens sont établis à ces deux articles, à savoir l'article L.420-1 et l'article L.420-2 du Code de commerce constituant ainsi l'étendue au respect des règles de concurrence. Des pratiques prohibées par le jeu de concurrence méritent analyse.

§2. Les mesures étatiques

Les mesures étatiques comportent plusieurs aspects qu'il convient de préciser. La réglementation applicable dans les Etats de la C.E.M.A.C. en matière d'aides d'Etat est prévue par le règlement du 18 août 1999.[99] Les aides d'Etat ou aides publiques définies comme des aides directes accordées par les Etats ou celles octroyées au moyen des ressources de l'Etat sous quelque forme que ce soit, en ce qu'elles peuvent favoriser certaines entreprises au détriment des autres, faussent le commerce entre les Etats. Il s'agit de la garantie d'Etat, et de la compensation des missions d'intérêt général.

---

[99] Réglementation n°4/99/UEAC/CM/639 du 18 août 1999 portant réglementation des pratiques étatiques affectant le commerce entre les Etats membres.

A. La garantie de l'Etat

Une garantie d'Etat est une mesure prise par l'Etat en faveur d'une de ses entreprises. En effet, si une garantie d'Etat est considérée comme une aide, c'est parce que les entreprises qui en bénéficient peuvent emprunter plus facilement et à des conditions plus favorables que leurs concurrents. Cela est d'autant plus vrai qu'une garantie d'emprunt, un engagement par lequel l'Etat accorde une caution à un organisme dont il veut faciliter les opérations d'emprunt, en garantissant au prêteur le remboursement du capital et des intérêts en cas de défaillance du débiteur. La garantie peut se traduire, par exemple, par l'insaisissabilité des biens des personnes publiques dans le cadre des procédures de liquidation.[100]

Dans sa communication sur l'application des articles 87 et 88 du Traité aux aides d'Etat sous forme de garantie, la Commission européenne a estimé qu'une garantie d'Etat ne constitue pas une aide lorsque celle-ci est rémunérée au prix du marché, c'est-à-dire celui qu'un opérateur privé doit payer pour le même service.[101] Mais certains considèrent que, du fait que l'Etat est indéfiniment responsable des dettes de ses entreprises. Ces dernières bénéficient automatiquement d'une garantie d'Etat. Cependant, d'autres auteurs ne partagent pas cette analyse. C'est le cas de Jacques Dabreteau, avocat au barreau de Paris, pour qui une garantie suppose une mesure positive, ce qui n'est pas le cas des « garanties implicites »[102].

---

[100] Articles L.620-1, L.631-1 et L.640-1 du Code de commerce.
[101] Communication (2000/C. 71/07).
Jacques Dabreteau, *Réflexion sur la prétendue garantie implicite de l'Etat au profit de ses E.P.I.C., A.J.D.A.*, 13 décembre 2010, p. 2346-2353.

B. La compensation des missions d'intérêt général

Une compensation est une mesure prise par l'Etat et qui soulage l'entreprise. On peut citer le cas de l'Etat et de La Poste. Dans sa mission d'accessibilité bancaire, la Banque Postale bénéficie d'une compensation.[103] Pour les concurrents, en effet, le principe même de la compensation est une source potentielle de subventions croisées. Pour illustrer cette idée on peut citer l'affaire Crédit mutuel.

En effet, en 1975, le gouvernement français avait décidé d'encourager l'épargne publique en distribuant le livret bleu. Une partie des fonds collectés par l'intermédiaire de ce produit était destinée à des investissements dans les projets d'intérêt économique général, comme le développement du logement social. Grâce à l'étendue de son réseau, le Crédit mutuel s'était vu attribuer une mission d'intérêt général. A cet effet, il supportait des charges, et recevait en conséquence des avantages liés à ces charges. Ces dernières comprenaient la distribution du produit d'épargne au grand public, sans frais, pour le consommateur qui bénéficiait directement de l'exonération fiscale et de l'investissement d'une partie des fonds, soit par la Caisse des Dépôts et consignations. Selon les concurrents, les commissions versées au Crédit mutuel entre 1991 et 1998 pour le service public dépassaient ses coûts nets. Ceux-ci tenaient compte de

---

[103] Selon le Conseil de la concurrence, « le bon fonctionnement de la concurrence implique aussi que les services financiers de la Poste puissent exercer leur activité dans des conditions qui ne les pénalisent pas face à leurs concurrents. C'est pourquoi, il paraît normal que l'ensemble des charges particulières que l'Etat impose à la Poste d'assumer soient reconnues en tant que telles et fassent l'objet d'une juste compensation financière lorsque leur maintien est jugé nécessaire ». Avis n°96-A-10 du 25 juin 1996.

l'ensemble des avantages et des coûts liés à la mission, réservaient une marge bénéficiaire raisonnable et surcompensaient leurs obligations de service public, relatives à la distribution gratuite aux consommateurs du livret bleu : la compensation aurait dû inclure à la fois cette obligation et l'avantage qui résultait du droit exclusif de proposer et de gérer ce produit financier. D'après la commission, l'équilibre financier n'avait pas été respecté entre l'ensemble des coûts résultant de la contrainte de service public et l'ensemble de revenus susceptibles de découler de l'exploitation, de l'exclusivité. Aussi, sans prendre parti sur le fond, le tribunal a annulé la décision pour défaut de motivation.[104]

En effet, le droit de la concurrence interdit les aides d'Etat aux entreprises, quelle que soit la forme que prennent ces aides.[105] Selon *marché commun (...), les aides accordées par les Etats ou* l'article 106 du T.F.U.E., *« sont incompatibles avec les ressources d'Etat sous quelque forme que se soit qui faussent ou qui menacent de fausser la concurrence en favorisant certaines entreprises ou certaines productions ».*

3. Les sanctions et les organes en charge du respect des règles de concurrence

Dans ce paragraphe, il convient d'étudier les sanctions qui découlent du non-respect des règles de concurrence et les

---

[104] Richard Blasselle Traité de droit européen de la concurrence, Publisud, 2005, p. 135-161.

[105] Une aide d'Etat : toute mesure étatique qui grève les charges d'une entreprise. Elle peut prendre plusieurs formes : subventions, allègement fiscal, renonciation à des recettes, des facilités d'accès à certaines infrastructures.

organes en charge de faire respecter les règles de concurrence.

A. Les sanctions attachées au non-respect des règles de concurrence

Le non-respect des règles de concurrence débouche logiquement sur des sanctions. Il peut s'agir des amendes et des sanctions disciplinaires comme la fermeture provisoire de l'organisme qui exerce le service public marchand. Ces mesures prises contre le gestionnaire du service public marchand peuvent être publiées, sauf si le secret des affaires exige qu'on ne publie pas les mesures prises à l'endroit de l'organisme. On précisera au passage que celles-ci doivent, avant toute chose, être précédées des mises en demeure ou des recommandations de faire cesser la mesure incriminée.

Les mêmes mesures prévalent en droit communautaire européen. On ajoutera, en ce qui concerne les aides d'Etat, qu'il existe des procédures de récupération desdites aides.

Il reste à examiner des organes en charge du respect des règles de concurrence.

B. Les organes en charge du respect des règles de concurrence

Les organes en charge du respect des règles de concurrence sont au nombre de trois, à savoir le Conseil régional de la concurrence, la Commission de la C.E.M.A.C. et la Cour de justice communautaire. Aux termes du nouvel article 17 §1 du Règlement n°1/99 du 25 juin 1999, « il est créé pour l'application du présent règlement, un Conseil régional de la concurrence chargé de donner des avis au secrétaire exécutif de la C.E.M.A.C.

sur toutes les questions ou litiges concernant la concurrence dont elle est saisie ». Le Conseil régional de la concurrence est un organe technique spécialisé dans les questions de concurrence.

La réforme de 2007 a supprimé le secrétariat en laissant place à la Commission de la C.E.M.A.C. Cette dernière est chargée des instructions, des enquêtes et des sanctions. Elle dispose, à cet effet, d'un pouvoir d'enquête et d'instruction. C'est donc elle qui prononce les sanctions qu'on a énumérées ci-dessus. Outre le fait qu'elle peut s'autosaisir, la Commission peut être saisie par les Etats, les consommateurs, les entreprises. Les décisions de la Commission sont susceptibles de recours devant la Cour de justice communautaire. On précisera que la Cour n'est pas vraiment un organe de concurrence.

En France, le respect des règles de concurrence est assuré depuis 2009 par l'autorité de concurrence, qui a remplacé le Conseil de la concurrence. Les décisions de l'autorité de concurrence sont susceptibles de recours devant la Cour d'appel de Paris. Cependant, lorsque la mesure incriminée dépasse le cadre national et atteint le cadre communautaire, la compétence relèvera de la Commission européenne dont les décisions sont susceptibles de recours devant la Cour de justice des communautés européennes.

CHAPITRE 2
LA DEROGATION AUX REGLES DE CONCURRENCE

Comme nous venons de le faire observer, le service public marchand est soumis aux règles de concurrence. Toutefois, lorsque certaines conditions sont remplies, on peut déroger aux règles de concurrence. En droit européen, français et de la C.E.MA.C., les textes prévoient des conditions de déroger au droit de la concurrence. C'est dire que la concurrence n'est pas une fin en soi, mais seulement un moyen pour assainir les conditions d'exercice des activités économiques.

Une fois les conditions réunies, l'entité gestionnaire bénéficiera de dérogation pour favoriser les échanges. Celles-ci peuvent se traduire par l'octroi des aides, des compensations ou par la mise en place des monopoles.

Section 1. Les conditions de dérogation aux règles de concurrence

Nous allons aborder les différents critères de détermination de S.I.E.G.

1. La condition liée à l'activité

Soulignons que les différents critères de qualification d'une activité ou d'un service de S.I.E.G. permettent d'examiner le critère de l'activité économique et celui de l'intérêt général, la notion de S.I.E.G., le service universel et le critère de l'intérêt général.

A. La notion de S.I.E.G.

Un S.I.E.G. peut être défini comme une activité économique proposée à l'ensemble de la population à un prix abordable. Les critères retenus pour déterminer l'activité de distribution au sein du service sont classiques, et résultent de la jurisprudence de la Cour des communautés européennes et de la pratique de la Commission européenne.

Dans sa communication du 11 septembre 1996, la Commission européenne a souligné que les S.I.E.G. « *désignent des activités de service marchand remplissant des missions d'intérêt général* » La notion de S.I.E.G sera donc examinée au regard de la notion d'activité économique et de celle d'intérêt général. On ne reviendra plus sur les caractéristiques, car elles ont été largement exposées.

La notion de S.I.E.G. est prévue au nouvel article 106 du T.F.U.E. La Charte des droits fondamentaux de 2001, adoptée dans le cadre du Traité de Nice, reconnaît le rôle de ces services pour promouvoir la cohésion sociale et territoriale de l'Union européenne. Mais cette activité n'a été légalisée que par le Traité. C'est la commission européenne et la C.J. C. E. qui précisent son contenu.

Le S.I.E.G. est une activité économique de nature marchande, c'est-à-dire susceptible d'être exercée sur un marché. Dans sa première communication sur les S.I.E.G.[106], la Commission européenne a souligné que les S.I.E.G. désignent les activités de service marchand.[107] Il

---

[106] Commission européenne, 11 septembre 1991, site internet de la commission.

[107] Commission européenne, Communication sur les services d'intérêt général en Europe, Com (1996), 443, 1996 *J.O.C.E.*, C-281 du 26

s'agit de toute activité consistant à offrir des biens et services sur un marché donné.[108] Cette activité est comparable à celle qui est exercée par les entreprises privées. Selon la commission, il s'agit des services fournis par des entreprises comme la S.N.C.F., E.D.F.[109] G.D.F.[110] A contrario, sont exclues du S.I.E.G., les activités de réglementation qui peuvent, bien sûr, avoir des incidences économiques mais qui mettent en œuvre les prérogatives de puissance publique[111]et les activités purement sociales. Dans l'arrêt du 23 avril 1991 ont été exclues du S.I.E.G. les activités purement sociales.

Mais, notons qu'avant cette décision, la Commission européenne avait déjà reconnu l'existence d'un S.I.E.G. La collecte des dépôts destinés au financement du logement social a été qualifiée de S.I.E.G. Il s'agit, en effet, de la décision 2003/216/C.E. de la commission du 15 janvier 2002 concernant l'aide d'Etat mise à exécution par la République française en faveur du Crédit Mutuel. Bien que cette décision ait été annulée par le T.P.I.C.E., la qualification de S.I.E.G. n'a pas été remise en cause. En revanche, ont été exclues de la qualification de S.I.EG., des activités de transfert, effectuées par les instituts bancaires des fonds de leur clientèle d'un Etat membre à

---

septembre 1996. Cette communication a été modifiée par celle de 2001/C-17/04, *J.O.C.E.*, C-17, 19/01/2001. Voir aussi Commission européenne, rapport à l'intention du Conseil européen de Lecken, sur les services d'intérêt général, Com (2001), 598 final, 17/10/2001, site internet de la Commission européenne.

[108] C.J.C.E., 16 juin 1987, Commission/Italie, 118/85, *Rec.*, p. 2599, point 7 juin 1998, Commission/Italie, C- 35/96, *Rec.*, p. I-3851, point 36.

[109] Electricité de France.

[110] Gaz de France.

[111] C.J.C.E. 19 janvier 1994, Eurocontrol.

l'autre.[112] Il y a donc eu un élargissement des S.I.E.G. dans le domaine des services financiers.

En conséquence, le S.I.E.G.exige une continuité du service public. Le principe de continuité est une possibilité aux usagers de jouir de manière permanente d'un service public. Ceci fait appel aux principes de l'inaliénabilité et l'imprescriptibilité des biens publics. Des principes institués par des articles L. 2311-1C.G. et L .3111-1C.G du Code de la domanialité publique. Pour l'essentiel, un bien affecté au service public nécessite en principe tout simplement un régime juridique reconnu qui permet de garantir certaines exigences. En abordant dans le même sens, nous affirmons que l'appartenance au domaine public d'un bien affecté au service public n'est pas constitutionnellement obligatoire ; il suffit, selon la décision, que les biens affectés à un service public soient soumis à un régime juridique qui permette de garantir certaines exigences liées, en particulier, à la continuité du service public ; le régime en question pourra être celui de la domanialité publique ou un autre régime, continuité du service public ; le régime en question pourra être celui de la domanialité publique ou un autre régime, construit, spécifiquement pour une catégorie de biens déterminés.

On précisera qu'une activité de S.I.EG., est soumise aux principes d'inaliénabilité et d'imprescriptibilité. Cela signifie que les biens qui concourent à sa réalisation ne peuvent faire l'objet de saisie. D'une manière générale, l'inaliénabilité et l'imprescriptibilité des notions qui relèvent du principe de continuité justifient que les biens des gestionnaires publics soient à l'abri des voies d'exécution exécutoires.

---

[112]C.J.C.E. du 14 juillet 1981, Gerhard Zücher c/Bayerische Vereinsbank A.G., 17/80, *Rec.*, 2021 p.

B. Le service universel

Un service public universel peut être défini comme un « service de base offert à l'ensemble de la communauté à des conditions tarifaires abordables et avec un niveau de qualité standard ». Au Congo, on retrouve le service universel en matière postale. Celui-ci est défini comme une offre minimale des services postaux de base de qualité faite au public, de manière permanente, sur l'ensemble du territoire national, à des prix abordables et, ce, dans le respect des principes d'égalité, de continuité et d'universalité.[113] Il s'agit de la collecte, du tri, de l'acheminement, d'envois postaux jusqu'à deux kilogrammes.[114] C'est un service de base qui évolue dans un environnement concurrentiel. L'exigence d'un service universel peut figurer dans la mission de service public. Elle est imposée progressivement comme une contrepartie à l'ouverture des services publics en réseaux à la concurrence : c'est une garantie contre les risques d'une remise en cause de la cohésion sociale liée à la libéralisation des marchés. L'intérêt du service universel est qu'il constitue un socle commun à tous les pays membres de l'Union en matière de service public.

Tout d'abord, le caractère universel suppose la fourniture du service à tous les citoyens sans exclusion, et pas seulement à une catégorie particulière de personnes. Toutefois, la Commission européenne admet que le caractère universel ne doit pas être compris comme le devoir d'offrir un service à l'ensemble de la population. Parallèlement, le service universel doit ouvrir l'ensemble du territoire, de telle sorte que même les populations

---

[113] Voir l'article 3 de la loi n°10-2009 du 25 novembre 2009 portant réglementation du secteur des postes, *J.O.R.C.*, 3 décembre 2009.
[114] Voir les articles 6 à 8 de la loi n°10-2009 précitée.

vivant dans les communes les plus isolées puissent en bénéficier.

Ensuite, ce service doit être fourni à un prix abordable. Certes, la notion de prix abordable n'est pas assez claire, car il n'y a pas de critère objectif permettant de l'évaluer. Cependant, le prix abordable doit être entendu comme celui qui est payable par tous, y compris par les franges de la société les plus pauvres. Comme on peut le constater, ce prix est réglementé, c'est-à-dire résulte de la volonté des autorités politiques, et non pas des mécanismes du marché. Le fait que le prix du service universel soit réglementé ne doit pas conduire l'entreprise à ne pas prendre en compte les intérêts des consommateurs. Il doit toujours être fourni avec une qualité spécifiée pour tout utilisateur.

Pour assurer l'équilibre financier du service, il est possible d'accorder des subventions aux entreprises gestionnaires de ce service. Il est aussi envisageable de mettre en place un fonds de compensation, qui serait alimenté par les acteurs qui ne participent pas à sa distribution. Pour se résumer, la Commission européenne considère que: « *La notion de service universel porte sur un ensemble d'exigences d'intérêt général dont l'objectif est de veiller à ce que certains services soient mis à la disposition de tous les consommateurs et utilisateurs sur la totalité du territoire d'un Etat membre, indépendamment de leur position géographique au niveau de la qualité, spécifié, et compte tenu des circonstances nationales particulières, à un prix abordable* »[115].

---

[115] Commission européenne, Livre vert de la commission sur les services d'intérêt général, 21 mai 2003, Com (2003) 270.

C. Le critère de l'intérêt général

Le critère de l'intérêt général est d'une importance capitale dans la dérogation aux règles de concurrence. Autrement dit, le S.I.E.G. est une activité dont l'exploitation est nécessaire pour l'intérêt général.[116] Cette activité doit être spécifique par rapport à d'autres activités économiques, comme l'a souligné la commission européenne dans l'arrêt Port de Gênes, confirmé par l'arrêt Corsica Ferries.[117]

A ce titre, un S.I.E.G. admet le principe d'égalité, de continuité et celui relatif à la qualité de service fourni. Mais, dans un arrêt du 12 février 2008, le T.P.I.C.E. a relativisé cette idée en soulignant clairement que le fait que le service ne bénéficie que d'un groupe restreint d'utilisateurs ne remet pas en cause son caractère de S.I.E.G : « *Eu égard à la place qu'occupent les services d'intérêt économique général parmi les valeurs communes de l'Union ainsi qu'au rôle qu'ils jouent dans la promotion de la cohésion sociale et territoriale de l'Union, la Communauté et ses Etats membres, chacun dans les limites de ses compétences respectives et dans les limites du champ d'application du présent traité, veillent à ce que ces services fonctionnent sur la base de principes et dans des conditions qui leur permettent d'accomplir leurs missions* ». Il contribue à la réalisation des objectifs de cohésion sociale.[118]

La Charte des droits fondamentaux de 2001, adoptée dans le cadre du Traité de Nice, reconnaît le rôle d'une telle activité. En 2003, la Commission européenne a adopté le

---

[116] C.J.C.E., 11 avril 1989, Ahemed Saeed Flugreinen, *Rec.*, p. 803.
[117] Port de Gênes, 10 décembre 1991.
[118] C.J.C.E. 18 juin 1998, Corsica Ferries France, S.A., *Rec.*, I, 3996.

Livre vert sur les S.I.E.G. en Europe, ouvrant un débat sur les modalités pratiques de fonctionnement de S.I.E.G. Dans le même sens, le livre blanc est venu exposer la stratégie de la Commission pour faire en sorte que tous les citoyens de l'Union bénéficient de services abordables et de qualité. La Commission décide de poursuivre cette approche sectorielle sans avoir recours à une directive.

Dans les arrêts Corbeau[119] et Commune d'Almelo,[120] le Conseil C.J.C.E a mis en évidence l'égalité et la continuité comme fondement de l'intérêt général. Pourtant, elle C.J.C.E. admet la nécessité de restreindre le champ de la concurrence pour permettre l'accomplissement des missions d'intérêt général. Ces deux arrêts reconnaissent bien le rôle que jouent les services publics dans la cohésion économique et sociale de l'Union. De ce fait, la concurrence est réaffirmée comme objectif fondamental, mais elle doit être conciliée avec la préoccupation de cohésion sociale ou territoriale. Dans une communication de 1996, la Commission européenne a reconnu la légitimité des services publics et affirmé la liberté des Etats membres dans la définition des missions d'intérêt général que le marché ne peut remplir, du fait de ses insuffisances.

Le service universel se situe dans cette même logique étant considéré comme service de base.

---

[119] C.J.C.E., 19 mai 1993, Corbeau, *Rec*, I, p. 2533 ; *A.J.D.A.*, 1993, p. 865-869.

[120] C.J.C.E., 27 avril 1994, Commune d'Almelo, *A.J.D.A.*, 1994, p. 637.

2. La condition liée à l'entité gestionnaire

A. En droit communautaire européen

Le droit européen soumet les « entreprises », c'est-à-dire toute entité exerçant une activité économique indépendamment du statut juridique de cette entité,[121] au respect des règles afin de garantir une égalité entre elles. De la même façon, l'article L.410-1 du Code de commerce imprégné des règles européennes soumet, au respect des principes de la concurrence, l'ensemble des acteurs économiques, et notamment les personnes publiques dans leurs activités de « production, distinction et de service ». Au nom de ces règles, un certain nombre de pratiques sont strictement encadrées (aides d'Etat aux entreprises), voire prohibées (ententes entre entreprises, abus de position dominante).

B. En droit communautaire C.E.M.A.C.

En droit communautaire C.E.M.A.C., on vise également les entreprises. Mais la jurisprudence de la Cour de justice des communautés économiques européennes ne sert pas de référence selon que le statut de l'entreprise est de droit public ou de droit privé. Les règles de concurrence s'appliquent à toute entité qui exerce une activité économique. Toutefois, ne sont pas considérées comme entreprises les entités qui mettent en œuvre les prérogatives de puissance publique ou qui exercent des activités purement sociales.

---

[121] C.J.C.E., 23 avril 1991, Hofmann précité.

Section 2. Les autres conditions de dérogation aux règles du marché

Comme il a été déjà énoncé, un service public marchand est, en principe, soumis aux règles du marché. Mais, exceptionnellement, les dérogations aux règles de concurrence sont possibles.[122] Pour cela, on exige un service d'intérêt économique général. En conséquence, il y a la possibilité de soustraire l'activité aux règles de concurrence.

1. L'exigence d'un acte formel de puissance publique

La possibilité de déroger aux règles du marché suppose la réunion de certaines conditions qu'il convient de rappeler. On retrouve les mêmes principes en droit français, en droit européen et en droit applicable dans les Etats de la C.E.M.A.C.

A. La nécessité d'un acte de puissance publique

Pour qu'un Service d'intérêt économique général, S.I.E.G. puisse déroger aux règles du marché, un acte formel de puissance publique est nécessaire. Cette condition a été posée par la C.J.C.E. dans un arrêt BRT du 21 mars 1994[123] dans lequel la Cour a explicitement évoqué *« l'acte de puissance publique »*. Dans l'arrêt Commission

---

[122] Aux termes de l'article 87§2 du Traité C.E., la mesure peut être maintenue si elle est nécessaire pour l'accomplissement des missions d'intérêt général. Pour une observation sur la notion de compensation, voir Dimitris Triantafylou, in *L'encadrement communautaire du financement du service public*, *R.T.D.E.*, op. cit, p. 30.

[123] C.J.C.E., 21 mars 1994, BRT/ Sabam, Aff., 127-73, *Rec.*, p. 313.

c/France du 23 octobre 1997, la Cour a reconnu facilement l'investiture étatique dont bénéficiait E.D.F.-G.D.F., et précisait « *s'il était vrai que pour qu'une entreprise puisse être considérée comme étant chargée de la gestion d'un S.I.E.G. au sens de l'article 106 du T.F.U.E., il faut qu'elle le soit en vertu d'un acte de puissance publique ; toutefois, il n'est pas pour autant requis qu'il s'agisse d'un acte législatif ou réglementaire* ».

Dans tous les cas, la liaison entre l'entreprise et les personnes publiques doit être forte,[124] une simple autorisation ne suffisait pas. Le T.P.I.C.E. confirme la liberté dont jouissent les Etats membres pour déterminer la nature de la portée d'une mission de S.I.E.G. Néanmoins, les autorités de concurrence exercent dans ce domaine, contrôlent l'erreur manifeste d'appréciation. Toutefois, « l'existence d'un acte d'autorité a failli céder avec l'arrêt Commune d'Almelo. La Cour n'ayant pas exigé d'acte formel obligeant les producteurs d'électricité à gérer le S.I.E.G. La doctrine s'est inquiétée de cet assouplissement. Selon M. Mestre, cette solution a soulevé de graves difficultés, car elle était susceptible d'aboutir *« à une extension artificielle de la notion de service public d'intérêt économique général et la perte de ses caractéristiques (...). C'est pourquoi, il paraît plus sage d'expliquer cette variation par des données de l'espèce, qui concernent une activité exclue par nature dans la sphère des intérêts étatiques touchant l'indépendance*

---

[124] C.J.C.E., 14 juillet 1971, ministère public Luxembourgeois c/Dame Veuve Muller, *Rec.*, p.723. La Commission interprète cet article de manière stricte : décision du 2 juin 1971 Gena, *J.O.C.E.*, n° L. 134, 20 juin 1971 ; décision du 21 décembre 1988, Decca, *J.O.C.E.*, n°L.43 du 15 février 1989 ; décision 10 décembre 1984, Uniform eurochèque, *J.O.C.E.*,n°L.35 du 7 février 1985.
C.J.C.E., 2 mars 1983,GVL, *Rec*, p. 483.

nationale. Il serait, dès lors, alors, injuste de s'arrêter à une forme juridique contredisant une réalité humaine et sociale et de priver les seuls Pays-Bas d'une dérogation que ses partenaires communautaires pouvaient invoquer pour leur propre service électrique ».

Depuis 1993, on y observe un assouplissement de la jurisprudence de la C.J.C.E. à propos des conditions de reconnaissance des S.I.E.G. Lorsqu'une entreprise se voit confier un S.I.E.G., on lui impose certaines contraintes. Au travers de cette décision, on peut y voir le principe d'égalité, de continuité et le principe relatif à la qualité du service fourni. Selon la Commission, « Les Etats membres ont la possibilité d'octroyer aux entreprises chargées de service d'intérêt général des compensations… »[125] A cet effet, plusieurs conditions doivent être remplies.

B. La nécessité du concours de l'Etat

L'exigence de nécessité signifie que le service ne peut pas fonctionner normalement sans la dérogation aux règles de concurrence. L'application des règles de concurrence risque de paralyser le bon fonctionnement de l'activité. A cet effet, les entreprises doivent démontrer qu'elles ne peuvent pas assurer leurs missions d'intérêt général sans le concours de l'Etat. Dans ce cas, on n'appliquera pas les règles de concurrence si l'entreprise démontre que leur maintien risque d'entraver l'accomplissement en droit ou

[125] Commission européenne, *Directive* 2005/81/C.E., 28 novembre 205, modifiant la *Directive* 80/723/C.E.E. relative à la transparence des relations financières entre les Etats membres et les entreprises publiques ainsi qu'à la transparence financière de certaines entreprises, *J.O.U.E.*,L.312/47, du 29 novembre 2005, point 1 de la décision.

en fait de la mission particulière d'intérêt général,[126] La dérogation au droit de la concurrence est la preuve que les forces du marché ne sont pas toujours en mesure de satisfaire aux besoins d'intérêt général.[127]

Mais, la dérogation doit être conforme au principe de proportionnalité, c'est-à-dire être seulement la contrepartie de ce qui est exigé pour couvrir les charges d'intérêt général. Dans ce domaine, les expressions pour traduire la juste compensation des missions d'intérêt général sont nombreuses.[128] Les éléments sur la base desquels est calculée cette compensation doivent être préalablement établis de façon objective et transparente. Le respect de cette condition est particulièrement important en ce qui concerne les entreprises titulaires des droits spéciaux et exclusifs, où l'existence d'une contrepartie peut fréquemment se confondre avec celle d'une servitude attachée à la mission de service public. Toutefois, le T.P.I.C.E. précise que l'existence d'un pouvoir discriminatoire dans le calcul des paiements n'est pas incompatible avec l'existence des paramètres objectifs et transparents au sens de la deuxième condition de l'arrêt Altmark. A cet égard, il confirme la marge d'appréciation

---

[126] C.J.C.E., 27 avril 1994, *Commune d'Almélo* précitée.

[127] C.J.C.E., 20 février 2001, Association Profesional d'Empresas Navieras de Lineas Regulares, e.a. Aff. C-205/99, *Rec.*, p. I-1271.

[128] Dans l'arrêt F.F.S., la C.J.C.E. a considéré que l'allègement fiscal était justifié dès lors qu'il n'allait pas au-delà de ce qui était exigé pour assurer l'accomplissement des missions d'intérêt public. Dans l'arrêt Altmark, il est admis que « de telles subventions sont à considérer comme une compensation représentant la contrepartie des prestations effectuées par les entreprises bénéficiaires pour exécuter des obligations de service public ». Dans l'arrêt SIC, l'on a exigé une stricte compensation des coûts des obligations de service public. Dans l'arrêt Ferring, il est exigé que l'avantage ne puisse excéder le coût engendré par la prestation des obligations de service public.

des Etats membres non seulement pour définir un S.I.E.G., mais aussi au calcul de la compensation.

De plus, lors de la fixation de la compensation, il est impératif de tenir compte des recettes relatives aux activités de l'entreprise et d'un bénéfice raisonnable. Pour la Commission européenne, par bénéfice raisonnable, il faut entendre un taux de rémunération du capital qui prenne en compte le risque ou l'absence de risque encouru par l'entreprise du fait de l'intervention de l'Etat, notamment si ce dernier octroie des droits exclusifs ou spéciaux. Normalement, ce taux ne doit dépasser le taux moyen constaté dans le secteur concerné au cours des années précédentes.
Dans ce sens, l'arrêt Altmark souligne que le choix de l'entreprise chargée de l'exécution d'obligations de service public n'est effectué que dans le cadre d'une procédure de marché public, le niveau de la compensation nécessaire a été déterminé sur la base d'une analyse des coûts qu'une entreprise moyenne, bien gérée et adéquatement équipée (...) aurait encourus pour exécuter ces missions. On précisera au passage que cette dernière condition a été nuancée par le T.P.I.C.E. dans un arrêt du 12 février 2008[129] à propos du système d'égalisation des risques relatifs à l'assurance privée en Irlande. Selon le Tribunal, *« la comparaison avec un opérateur efficient ne saurait être appliquée de manière stricte au cas d'espèce ».* Il estime que la commission pouvait valablement renoncer à une comparaison entre les

---

[129] T.P.I.C.E., 12 février 2008, Aff. T-289/03, arrêt British United Provident Association Ltd (Bupa) e.a./Commission des Communautés européennes, *R.L.C.*, 2008/15, n°1076, note J.Ph. Gunteret D. Tayard, concurrences 2008/2, p.144, note Jean-Yves Chérot, p. 178, note Stéphane Rodrigues.

bénéficiaires potentiels des paiements « Res » et un opérateur efficient lors de l'analyse de l'exercice d'une aide d'Etat au sens de l'article 87§1 T.C.E.

Cependant, le T.P.I.C.E. a tempéré cette affirmation, en considérant que la Commission était néanmoins tenue de s'assurer que la compensation ne couvrait pas des coûts pouvant résulter d'un manque d'efficience des assureurs, par exemple les coûts de gestion. Ce qu'il y a de nouveau dans cet arrêt, c'est le remplacement du test de comparaison de l'arrêt Altmark par la méthode dite de déduction des coûts susceptibles d'inclure des inefficiences. En substituant le test de comparaison de l'arrêt Altmark à la méthode dite de réduction des coûts susceptibles d'inclure des inefficiences, cet arrêt relativise l'importance de la 4e condition de l'arrêt Altmark.

Enfin, lorsque le concours étatique est une compensation, celle-ci doit être utilisée de manière effective pour assurer le fonctionnement des S.I.E.G. Autrement dit, si elle est dévoyée, c'est-à-dire utilisée pour financer des activités rentables, elle sera contraire au droit communautaire européen. Pour prévenir de telles situations, la Commission exige que les entreprises qui exercent à la fois des activités d'intérêt général et concurrentielles tiennent en leur sein des comptes séparés.[130] En outre, la dérogation peut jouer pour peu qu'il y ait absence d'affection du développement des échanges communautaires.

Lorsque la qualification de S.I.E.G. est retenue, l'activité peut bénéficier de certaines mesures.

---

[130] Commission européenne, *directive* du 28 novembre 2005, précitée.

2. Les mesures susceptibles de bénéficier l'entité gestionnaire d'un S.I.E.G.

Pour faire face aux déséquilibres qui peuvent provenir de l'exploitation d'une activité de S.I.E.G. il existe plusieurs mécanismes. Il peut s'agir d'une aide financière par le moyen du budget de l'Etat, par des subventions ou d'autres avantages financiers, des réductions d'impôts, ou encore l'octroi des droits spéciaux tels qu'un monopole légal. En outre, il y a les contributions des opérateurs, comme les fonds de compensation. Enfin, il existe aussi des financements fondés sur la solidarité.[131]

A. Les droits spéciaux

D'emblée, il convient de préciser que le terme de droits spéciaux est synonyme de monopole, même si la doctrine semble dissocier ces deux notions.[132] En effet, la doctrine définit le droit exclusif comme *« un privilège légal conférant une exclusivité sur le marché un monopole »*[133]. En revanche, *« constitue un droit exclusif tout droit ayant pour effet de réserver l'exercice d'une activité ou la fourniture d'un service sur le territoire donné »*[134]. Parmi les mesures dont peut bénéficier un service d'intérêt économique général, il y a le droit exclusif ou monopole légal par opposition au monopole de fait. Les droits spéciaux peuvent être érigés pour des raisons d'efficacité,

---

[131] Voir Commission européenne, *Livre vert 2003*, p. 27, site internet de la Commission européenne.

[132] Sophie Nicinski, *Droit public des affaires*, Paris, Montchrestien, 2e éd., 2010, p. 117.

[133] Voir Frédérique Berrod, *Monopoles publics et droit communautaire, Jurisclasseur Europe*, fasc. 1510, 2004.

[134] Voir Ordonnance n°2004-503 du 17 juin 2004.

car la concurrence peut nuire à la qualité du service. Le monopole est légitime lorsqu'il vise à assurer l'équilibre économique de l'opérateur en charge du service. Dans la décision d'Almelo, les restrictions de concurrence étaient nécessaires dans la mesure où elles constituaient une contrepartie pour résorber les déficits liés à l'exploitation d'un service d'intérêt général. Dans l'arrêt Corbeau,[135] la possibilité d'une compensation était aussi prévue.

Mais, cette hypothèse est moins plausible dans la mesure où les instances européennes s'attèlent depuis quelques années déjà dans le démantèlement des monopoles. Mais, cette solution peut créer des distorsions de concurrence dans la mesure où d'autres opérateurs ne pourront distribuer le produit. En plus, cela empêche les consommateurs de profiter des effets de la concurrence, notamment de l'innovation ou de la personnalisation des services. Ce service public marchand peut bénéficier d'une compensation.

B. Les compensations

Une compensation est l'allègement d'une charge inchangée, normalement le budget d'une entreprise. Il peut s'agir de la réduction des taxes, du bénéfice de certaines facilités comme l'accès à un réseau, ou des subventions. Les Etats membres de l'Union ont la liberté du choix des mécanismes destinés à financer les services d'intérêts économiques généraux. Ils sont uniquement tenus de veiller à ce que le mécanisme sélectionné ne perturbe pas indûment le fonctionnement du marché intérieur.

Aussi, les pays membres de la C.E.M.A.C. ont apporté des précisions en ce qui concerne la possibilité de déroger au

[135] C.J.C.E., 13 mai 1993, *Corbeau, A.J.D.A.*, op. cit.

droit de la concurrence. En effet, « les Etats, par le biais de certains mécanismes comme les aides d'entreprises, peuvent affecter le libre jeu de la concurrence. Pour l'essentiel, les différentes formes d'aides énumérées sont incompatibles avec le marché commun. Mais le principe énoncé est assorti de nombreuses exceptions. Certaines aides sont compatibles d'office, d'autres peuvent être déclarées compatibles telles les aides à caractère social, octroyées aux consommateurs, aides destinées à remédier aux dommages causés par les catastrophes naturelles[136] qui peuvent être justifiées.

Au Congo, l'application des règles de concurrence au service public marchand est prévue par la loi du 1er juin 1994[137] qui précise : « ne sont pas soumises aux dispositions pratiques, des articles qui résultent de l'application d'un texte législatif, ainsi que celles qui ont pour effet d'assurer le progrès de la technologie et d'améliorer la gestion des petites et moyennes entreprises, sous réserve qu'elles soient fixées… »

Ainsi, dans cette partie, il a été question de la détermination du régime juridique du service public marchand. Une application du régime de droit privé et, en cas de litige, la compétence du juge judiciaire sont reconnues. Considérée jadis en doctrine et en jurisprudence comme une sanction à l'encontre des interventions publiques hors d'un domaine qui leur serait propre. A présent, elles apparaissent mieux adoptées aux

---

[136] Kalieu Elongo Yvette Rachel, *L'expérience législative du droit communautaire de la concurrence en Afrique centrale,* Colloque sur (De la concurrence à la cohabitation des droits communautaires), p. 159.

[137] Loi n°6-94 du 1er juin 1994 portant règlementation des prix, des normes commerciales, constatation et répression de fraudes.

activités industrielles et commerciales. Les relations des services publics industriels et commerciaux avec leurs usagers relèvent désormais des juridictions de droit commun. Ce qui fut retenu uniquement pour des accidents est actuellement illustré à propos de la concurrence avec les entreprises privées.

On retient également dans cette partie la soumission du service public marchand au droit de la concurrence. L'exercice du service public marchand par les personnes publiques nécessite le respect des règles de concurrence. Toutefois, il existe des dérogations à ces règles. Le droit de la concurrence contribue à un renouvellement des rapports entre l'initiative publique et l'initiative privée. Il n'interdit pas aux personnes publiques d'exercer des activités industrielles et commerciales, mais leur impose le respect de l'égalité concurrentielle avec les personnes privées.

CONCLUSION

Au terme de ce travail, plusieurs enseignements doivent être tirés. Le service public marchand joue un rôle important sur le plan social en permettant le financement des projets d'intérêt général. En même temps, il joue un rôle important dans la régulation du marché. A l'origine, l'exercice d'un service public marchand était justifié par la carence de l'initiative privée. Aujourd'hui, les personnes publiques peuvent intervenir dans l'économie, comme le font les entreprises privées pour que leur intervention soit justifiée par le souci de satisfaire un intérêt général. L'importance du service public marchand est donc avérée. Cependant, les avantages que l'on peut en tirer sont au-dessous des attentes, en raison des pratiques de corruption. Ce qui soulève la question de la gestion orthodoxe du service public marchand.

Dans les Etats membres de la C.E.M.A.C., des efforts sont à fournir. Un tel objectif ne peut être atteint qu'en comblant l'insuffisance de compétences. Il faut lutter contre les actes de corruption qui constituent un véritable fléau qui affecte le développement de ce service. On doit également lutter contre la mauvaise gouvernance, en mettant à la tête des instances dirigeantes des entreprises publiques à but lucratif des personnes qualifiées, tenant compte de leur capacité, de leur compétence, de leur technicité et non en fonction des affinités ou de l'idéologie. La gestion des entreprises publiques devrait être claire et non obscure. De plus, on devra lutter contre les injonctions des autorités ministérielles dans la comptabilité des entreprises publiques.

Dans le respect des règles de concurrence, l'exercice du service public marchand par les personnes publiques contribue au développement des échanges communautaires. Ainsi, il ne doit pas être au service d'un enrichissement illicite d'un individu, d'un groupe de personnes ou d'une classe donnée. On pourra, dans cette mesure, justifier la place du service public marchand dans une économie mondiale dominée par l'initiative privée.

BIBLIOGRAPHIE

I. Ouvrages

- Blasselle Richard, *Traité de droit européen de la concurrence,* T.II, Publisud, 2005, 663p.
- Chapus René, *Droit administratif général,* T. I, Paris, Montchrestien, 15e, 2008, 1427p.
- Cherot Jean-Yves, *Droit public économique,* Paris, Economica, 2007, 1032p.
- Chevallier Jacques, *Le service public*, Que Sais-je ?, P.U.F., 2010, 126 p.
- Colson Jean Philippe et IDOUX Pascale, *Droit public économique*, Paris, L.G.D.J., 5e éd., 2010, 980p.
- Colson Jean Philippe, *Droit public économique,* Paris, L.G.D.J., 3e éd., 2001, 551p.
- Guglielmi J. Gilles et Koubi Geneviève, *Droit du service public,* Paris, Montchrestien, 2e éd., 2007, 623p.
- Lachaume Jean François, Pauliat Hélène, *Droit administratif, Les grandes décisions de la jurisprudence administrative*, 14e éd. 2007, 908p.
- Linotte Didier et Romi Raphaël, *Droit public économique*, Litec, 6e éd., 2007, 456p.
- Moulin Richard et Brunet Pierre, *Droit public des interventions économiques,* Paris, L.G.D.J., 2007, 459p.
- Moudoudou Placide, *Droit administratif congolais,* L'Harmattan, 2003, 200p.
- Nicinski Sophie, *Droit public des affaires*, Paris, Montchrestien, 2e éd., 2010, 720 p.

- Teitgen-Colly Catherine, *La légalité de l'intérêt financier dans l'action de l'administration*, Paris, Economica, 1981, 536p.
- Truchet Didier, *Droit administratif,* P.U.F., 2012, 470 p.
- Weil Prosper, *Droit administratif général*, 8 éd., 1980, 125 p.

II. Thèse

- Baloki Aimé, « Les activités financières de La Poste », Thèse, Nanterre, 2011, 406p.

III. Articles

- Barthelemy Christophe, « La garantie implicite, garantie illimitée de l'Etat aux établissements publics : mythe ou réalité », *C.J.E.G.*, octobre 2004, n°631, p. 423-431.
- Bazex Michel et BLAZY Sophie, « Les modalités de détermination du montant des aides d'Etat », *D.A.*, octobre 2003, p.17.
- Bazex Michel, « La problématique générale de l'intervention des opérateurs publics dans une économie de concurrence », *L.P.A.*, n°100, 19 août 1988, p. 5.
- Bazex Michel, « L'appréhension des services publics en droit communautaire », *R.F.D.A.*, 1995, p.295-303.
- Bracq Stéphane, « Droit communautaire matériel et qualification juridique : le financement des obligations de service public au cœur de la

tourmente », *R.T.D. Eur.* 40 (1), janvier-mars 2004, p. 33-70.
- Duffau Jean-Marie, Louvais Antoine et Mella Elisabeth, Mélanges en l'Honneur du Professeur Mescheriakoff Alain Serge, « Service public, puissance publique : permanence et variations d'un couple mythique », Bruylant, 2013, p.71-85.
- Dabreteau Jacques, « Réflexion sur la prétendue garantie implicite de l'Etat au profit de ses E.P.I.C., *A.J.D.A.*, 13 décembre 2010, p.2346-2353.
- Marc Emmanuelle, « Délégation de service public et fonction publique », *A.J.D.A.,* 2013, p. 1456.
- Kalieuelongo Yvette Rachel, « L'expérience législative du droit communautaire de la concurrence en Afrique Centrale, p.156-164.
- Prebissy-Schnall Catherine, J. Guglielmi Gilles et KOUBI Geneviève, Etudes en l'Honneur du Professeur Michel Bazex, Litec, 2009, p. 187-203.
- Lignieres Paul, « Le Droit public des affaires, ses fondations pour l'avenir », Etudes en l'Honneur du Professeur Michel Bazex, Litec, 2009, p.203-209.
- Louvais Antoine, « Puissance publique, Service public et droit administratif : éternel retour ou fin de l'histoire ? », Bryulant 2013, p.171-184.
- Mescheriakoff Alain Serge, « Léon Blum, Pionnier de la gestion privée du secteur public », Etudes en l'honneur du Professeur Michel Bazex, Litec, 2009, p. 231-243.
- Peraldi Leneuf Fabienne, « Service d'intérêt général et droits fondamentaux en droit de l'Union Européenne », Mélanges en l'Honneur du

Professeur Mescheriakoff Alain Serges, éd. Bruylant, p. 213-228.
- Ritleng Dominique, « Financement du service public et aides d'Etat », *A.J.D.A.*, 17 mai 2004, p. 1011-1021.
- Rozet Gérard, « La notion d'aide d'Etat en question : un débat suscité par le financement des services publics », *Gaz. Pal.*, n°3, 11 juillet-août 2003, p. 209.
- Rozet Gérard, « La notion d'aides d'Etat en question », *Gaz. Pal*, 11-12 juillet 2003, p. 2088-2101.
- Stephane Rodrigues, « Les services publics locaux face au droit communautaire, ministère de l'Intérieur, de l'Outre-mer et des collectivités territoriales », La documentation française, 2007, p.28 et s.

IV. Textes législatifs

- Loi n°10-2009 du 25 novembre2009 portant réglementation du secteur des postes, *J.O.R.C.*, 3 décembre 2009.
- Loi n° 09-2009 du 25 novembre 2009 portant création de l'Agence de régulation des postes et des communications électroniques, *J.O.R.C.*, 3 décembre 2009.
- Loi n°5-2009 du 22 septembre 2009 sur la corruption, la concussion, la fraude et les infractions assimilées, *J.O.R.C.*, septembre 2009.
- Loi n°2005-882 du 2 août 2005, *J.O.R.F.* août 2005.

- Loi n°6-2003 du 18 janvier 2003 portant Charte des investissements en République du Congo, *J.O.R.C.*, janvier 2003.
- Loi n°6-94 du 1er juin 1994, portant règlementation des prix, des normes commerciales, la constatation et répression des fraudes en République du Congo, J.O.R.C, juin 1994.
- Loi n° 92-002 du 1er juin 1994 portant libéralisation des prix et règlementation du commerce en République du Congo, J.O.R.C. juin 1994.
- Loi le Chapelier du 14 juin 1791.
- Loi Allarde des 2 et 17 mars 1791 sur la liberté du commerce et de l'industrie…

V. Textes réglementaires

- Décret n°2013-416 du 9 août 2013 portant adoption des Statuts de la S.N.E., *J.O.R.C.*, août 2013.

VI. Règlements C.E.M.A.C.

- Règlement n°17/99/C.E.M.A.C-020-CM-03 relatif à la charte des investissements de la C.E.MA.C.
- Règlement n°1 /99/UEAC/CM /639 du 25 juin 1999 portant règlementation des pratiques commerciales anticoncurrentielles.
- Règlement n°04/99/UEAC-CM 1999 /639 du 18 août portant règlementation des pratiques

étatiques affectant le commerce entre les Etats membres.

VI- La jurisprudence

1. Française

- C.E. Ass., 31 mai 2006, *Ordre des avocats au Barreau de Paris, R*, 272, *A.J.D.A.*, 2006, 1592, Chr. C. Landais et Lenca.
- C.E. Sect., 30 avril 2003, Syndicat professionnel des exploitants indépendants des réseaux d'eau et d'assainissement, note Michel Bazex et Sophie Blazy, D.A., juin 2003, p.22.
- C.E. Sect., 19 mars 1984, Soc., Les Amis de l'opérette, p. 142.
- C.E. Sect., 18 mai 1979, Ass. Urbanisme judaïque Saint-Seurin, 218, *R.D.P.*, 1979, p. 1481, Concl. Latournerie.
- C.E., 10 mai 1974, Denoyez et Chorques, *R*,274, *A.J.D.A.*, 1974, 289,Chr., Franque et Boyon.
- C.E., 29 avril 1970, Concl. Braibant, *R.D.P.*, 1070.423, note de Marcel Waline.
- C.E. Sect., 20 nov. 1964, Ville de Nanterre, *R*, 563, *A.J.D.A.*, 1964, p. 686, Chr. Puybasset et Puissochet, pour une référence à la carence de l'initiative privée.
- C.E. Sect.,17 avril 1964, Commune de Merville-France-ville, *Rec.*, p. 231
- C.E. Sect., 13 oct. 1961, Ets campanon Rey, *R*, 567, *A.J.D.A.,* 1962, 98, Conc. Heumann, note de Laubadère.

- C.E. Sect., 9 mai 1951, Société des concerts du conservatoire, *R*, 151 Dr. soc. 1951,368, Letourneur, note de Rivero.
- C.E. Sect., 27 juin 1930, Bourrages et Mallot, *Rec.*, p. 659.
- C.E. Sect., 30 mars 1930, Chambre syndicale du commerce en détail de Nevers, *Rec.* 583, *G.A.J.A.*, 17e éd. 2009, p. 263.
- T.C., 22 janvier 1921, Société commerciale de l'Ouest-africain, *Rec.*91 ;*G.A.J.A.*, 17e éd. 2009, p. 217.

2. **Européenne**

- C.J.C.E., 24 juillet 2003, C-280/00, *R.C.U.E.*, déc. 2003, p. 633.
- C.J.C.E., 22 novembre 2001, Ferring S.A.c /Agence centrale des organismes de sécurité sociale, aff.C- 53/00, *Rec.*, I, p. 9067.
- C.J.C.E., 21 novembre 2001, aff. C-53/00, *Rec.* I. 9067.
- C.J.C.E., 20 féviers 2001, Association professional d'Empresas navieras de Lineas Regulares, e.a. aff. C -205/99, *Rec.*, p. I-1271.
- C.J.C.E., 18 juin 1998, Carsica ferries France, SA, *Rec.*, I, 3996.
- C.J.C.E., 6 oct. 1994, aff. T-83/91, Cons., 5 mars 2001, La Française des jeux.
- C.J.C.E., 27 avril 1994, Commune d'Almélo.
- C.J.C.E., 21 mars 1994, BRT/SABAM, aff. 127-73, *Rec.*, p. 313.

- C.J.C.E., 11 janvier 1990, Sondozc/Commission, aff. C. 277-87, *R*, 1-45, Concl. Av.GN. W. Van. Gerven, publication sommaire.
- C.J.C.E., 16 juin 1987, Commission des communautés européennes c /République italienne, *Rec.*, 1987, p. 2599.
- C.J.C.E., mars 1985, République italienne c /Commission des communautés européennes, *Rec.*, 1985, p. 873.
- C.J.C.E., du 14 juillet 1981, Gerhard ZÜruch c/Bayerische Vereinsbank AG, 17/80, *Rec.*, p. 2021.
- C.J.C.E., 27 mars 1980,61/79, Denkavit, *Rec.*, p. 1205.
- C.J.C.E., 13 fév. 1979, Hoffman-La-Rohe, *Rec.* 1979, p. 1139.
- C.J.C.E., 14 juillet 1971, *ministère public Luxembourgeois* c/Dame Veuve Muller, aff. 10-71, 1971, *Rec.*, p. 723.
- T.P.I.C.E., 11 décembre 2003, Minoa Lines.
- T.P.I.C.E., 24 octobre 1991, Petrofina c/Commission, Aff., T-2/89, concl. B. Vertdof, R., p. 1087.

Table des matières

QUESTIONS JURIDIQUES

AUX ÉDITIONS L'HARMATTAN

Dernières parutions

LES OBJECTIFS DE LA RÉGULATION ÉCONOMIQUE ET FINANCIÈRE
Sous la direction de Gabriel Eckert et Jean-Philippe Kovar
Les buts de la régulation économique et financière impriment profondément le droit de la régulation mais semblent avoir considérablement évolué depuis une trentaine d'années. Ainsi l'objectif traditionnel de la construction de marchés concurrentiels, dans des secteurs anciennement sous monopole ou très fortement réglementés, est complété par de nouveaux objectifs extraconcurrentiels. La diversité des buts assignés aux régulateurs oblige les autorités de régulation à opérer une conciliation des objectifs au risque de dénaturer leur office.
(Coll. Logiques Juridiques, 28.50 euros, 276 p.)
ISBN : 978-2-343-11504-7, ISBN EBOOK : 978-2-14-003398-8

LA RESPONSABILITÉ CIVILE DES ENSEIGNANTS EN CAS D'ACCIDENT SCOLAIRE
Brusorio Aillaud Marjorie
Le régime de responsabilité civile des enseignants en cas d'accident scolaire fut envisagé dans le Code civil dès 1804 puis modifié en 1899 et 1937. La loi est actuellement inadaptée et critiquée à la fois par les victimes et les enseignants, mais les tentatives de la jurisprudence pour la réformer se révèlent insuffisantes. Il faut rechercher un autre fondement pour engager la responsabilité civile de l'enseignant ou un autre débiteur que ce dernier, afin que les victimes d'accidents scolaires obtiennent facilement réparation.
(Coll. Logiques Juridiques, 55.00 euros, 750 p.)
ISBN : 978-2-343-11346-3, ISBN EBOOK : 978-2-14-003367-4

SPORT ET DROIT EUROPÉEN
Miège Colin
Le droit européen a eu une influence déterminante sur le sport, à mesure que celui-ci devenait une activité économique à part entière. Lorsque le sport a été intégré dans les compétences de l'Union par le traité de Lisbonne en 2007, les organisations sportives avaient déjà subi de plein fouet l'impact du droit européen avec notamment l'arrêt Bosman de 1995. Voici un panorama complet

des règlements ou décisions de justice qui ont eu un impact sur le sport depuis les débuts de la construction européenne.
(Coll. Le Droit aujourd'hui, 34.00 euros, 328 p.)
ISBN : 978-2-343-11822-2, ISBN EBOOK : 978-2-14-003468-8

LES INNOVATIONS CRIMINOLOGIQUES
Sous la direction de Erwan Dieu
Ce livre s'attelle à circonscrire la théorie et la pratique des modèles d'évaluation et d'accompagnement des auteurs et victimes d'infractions via des présentations d'outils d'exercices et de programmes. Les populations visées sont variées : problèmes d'addiction, de violence, d'infraction sexuelle ou conjugale, etc. Au sein des différents chapitres, des présentations de méthodes concrètes explicitent les modèles qui aujourd'hui démontrent des effets pertinents.
(Coll. Logiques des pénalités contemporaines, 39 euros, 406 p.)
ISBN : 978-2-343-11337-1, ISBN EBOOK : 978-2-14-003517-3

70 ANS DE JUSTICE PÉNALE DES MINEURS
Entre spécialisation et despécialisation
Beddiar Nadia
L'année 2015 marque la célébration des 70 ans de l'ordonnance du 2 février 1945 relative à l'enfance délinquante. Par ce texte, la France a institué, après bien d'autres pays, une justice et un traitement pénal des mineurs véritablement spécifiques. Cet anniversaire offre l'occasion de revenir sur le passé, d'aborder le présent et de se projeter dans l'avenir de cette justice qui se veut singulière. Cet ouvrage permettra au lecteur d'apprécier la richesse des débats et les enjeux fondamentaux de ce sujet pour notre société.
(Coll. Colloques et rencontres, 20.50 euros, 196 p.)
ISBN : 978-2-343-11815-4, ISBN EBOOK : 978-2-14-003530-2

LA JURISPRUDENCE ET LA DOCTRINE
Barraud Boris
La jurisprudence est l'un des phénomènes juridiques les plus problématiques, comme source du droit réel mais non officielle. Ce livre retrace son parcours dans l'histoire de la pensée juridique, longtemps dominée par le légicentrisme. Il s'intéresse également à la difficile identification doctrinale des jugements, arrêts et décisions à portée jurisprudentielle. Il s'attache enfin à la jurisprudentialisation du droit, qui constitue l'une des données les plus remarquables du droit contemporain, ainsi qu'aux critiques que la doctrine adresse à un droit trop abandonné au « gouvernement des juges ».
(Coll. Le Droit aujourd'hui, 29.00 euros, 290 p.)
ISBN : 978-2-343-11552-8, ISBN EBOOK : 978-2-14-003187-8

MESURER LE PLURALISME JURIDIQUE
Une expérience
Barraud Boris
Cet ouvrage propose une approche et une analyse scientifiques et statistiques du pluralisme juridique. Défini en tant que coexistence de sources étatiques et non étatiques de règles de droit, le pluralisme juridique appelle à la fois une réponse

théorique et empirique. Ce livre procède à une enquête de terrain et pose les jalons de ce travail scientifique visant à évaluer l'effectivité du pluralisme juridique en n'ayant d'égards que pour les seuls faits normatifs.
(Coll. Le Droit aujourd'hui, 32.00 euros, 308 p.)
ISBN : 978-2-343-11264-0, ISBN EBOOK : 978-2-14-003156-4

L'EXPERTISE SOUS LE REGARD DE LA PSYCHANALYSE
« Faux-Pas » ou la question des mères
Villa-Portenseigne Arlette
C'est toujours un enrichissement personnel et professionnel pour un-e psychologue que d'être nommé-e par la justice pour éclaircir les zones d'ombre qui obscurcissent la vérité. De pratique hospitalière en expertises judiciaires, la psychanalyse a fait voyager l'auteure de cet ouvrage dans tout ce qu'il y a d'intime dans l'être humain. Au-delà des crimes dont la chronique se fait régulièrement l'écho, ce livre émerge d'une réflexion sur la pratique. Croisant les démarches des juges, des soignants et des travailleurs sociaux, il témoigne des ressources de la clinique face aux itinéraires complexes des individus confrontés à la loi.
(Coll. Psycho-Logiques, 17.50 euros, 164 p.)
ISBN : 978-2-343-11083-7, ISBN EBOOK : 978-2-14-003119-9

LE DROIT DU BIEN-ÊTRE ANIMAL DANS LE MONDE
Évolution et universalisation
Brels Sabine
En ce début de XXIe siècle, les consciences s'éveillent de plus en plus à la protection des animaux. La société reconnaît aujourd'hui la sensibilité de ces êtres vivants et le droit à la protection de leur bien-être contre les souffrances évitables qui leur sont infligées. Un tournant s'opère et modifie profondément notre rapport aux animaux dans la société comme dans le droit. Cet ouvrage fait état de la protection juridique du bien-être animal à l'échelle mondiale et de la possibilité d'établir une protection universelle à l'ONU.
(Coll. Le Droit aujourd'hui, 42.00 euros, 500 p.)
ISBN : 978-2-343-10666-3, ISBN EBOOK : 978-2-14-003201-1

ANNALES DE LA FACULTÉ DE DROIT ET SCIENCE POLITIQUE DE NICE
Année 2016
Strickler Yves
Comme les éditions précédentes, ces annales de l'année 2016 parcourent des domaines très variés passant par l'histoire (affaire Calas), l'actualité (laïcité, statut du Ministère public, relations amoureuses au travail, lanceur d'alertes etc.) sans négliger les questions de principe (la liberté académique).
(Coll. Droit privé et sciences criminelles, 36.00 euros, 354 p.)
ISBN : 978-2-343-11519-1, ISBN EBOOK : 978-2-14-003271-4

MÉLANGES EN L'HONNEUR DU DOYEN ROGER BERNARDINI
Parcours pénal
Les « mélanges » sont un recueil d'articles rédigés par ses amis en hommage à un maître. Le doyen Roger Bernardini a été un grand serviteur de l'Université

et fait partie de ces professeurs qui marquent les esprits. Ses amis ont choisi, pour intitulé de ses mélanges « Parcours pénal », champ qu'il n'a jamais cessé d'arpenter, d'explorer, d'approfondir et de rénover.
(Coll. Droit privé et sciences criminelles, 32.50 euros, 315 p.)
ISBN : 978-2-343-10962-6, ISBN EBOOK : 978-2-14-002983-7

OHADA
Traité de fiscalité des entreprises (Première édition)
Amboulou Hygin Didace
La politique fiscale est souvent reconnue comme le domaine par excellence où chaque État exerce sa souveraineté économique en fonction de ses réalités, ses objectifs et ses potentialités. Mais pour réussir l'intégration économique de l'espace OHADA, encourager les investissements, assainir l'environnement des affaires et atténuer la pression fiscale sur les entreprises, les États doivent harmoniser, unifier ou coordonner leurs politiques fiscales. C'est l'objet de ce traité.
(Coll. Études africaines, 29.00 euros, 278 p.)
ISBN : 978-2-343-10523-9, ISBN EBOOK : 978-2-14-003211-0

OHADA
Code des investissements et des activités économiques (première édition)
Amboulou Hygin Didace
Pour mieux accompagner les opérateurs économiques de toutes origines et promouvoir ainsi les investissements, les États membres de l'OHADA disposent chacun d'une législation et d'une réglementation qui régissent l'ensemble des activités économiques, celles des petites et moyennes entreprises et celles des petites et moyennes industries. En attendant l'harmonisation de ces différentes législations, les voici présentées pour chaque État concerné.
(Coll. Études africaines, 42.00 euros, 464 p.)
ISBN : 978-2-343-10520-8, ISBN EBOOK : 978-2-14-003208-0

OHADA
Traité de droit des transports de marchandises par route et des opérations de dédouanement (première édition)
Amboulou Hygin Didace
Pour mieux comprendre la place qu'occupe le droit des transports dans la politique d'intégration économique des États membres de l'OHADA, ce livre analyse en profondeur les dispositions de l'Acte uniforme du 22 mars 2003 et celles de la Convention de Genève dite «CMR» du 19 mai 1956 encore applicable, ces deux législations étant complémentaires et relatives au contrat de transport de marchandises par route. Grâce à une actualité juridique récente et sélectionnée, ce livre s'impose comme un outil de travail de référence, avec un apport remarquable sur la procédure de dédouanement.
(Coll. Études africaines, 31.00 euros, 306 p.)
ISBN : 978-2-343-10524-6, ISBN EBOOK : 978-2-14-003213-4

L'HARMATTAN ITALIA
Via Degli Artisti 15; 10124 Torino
harmattan.italia@gmail.com

L'HARMATTAN HONGRIE
Könyvesbolt ; Kossuth L. u. 14-16
1053 Budapest

L'HARMATTAN KINSHASA
185, avenue Nyangwe
Commune de Lingwala
Kinshasa, R.D. Congo
(00243) 998697603 ou (00243) 999229662

L'HARMATTAN CONGO
67, av. E. P. Lumumba
Bât. – Congo Pharmacie (Bib. Nat.)
BP2874 Brazzaville
harmattan.congo@yahoo.fr

L'HARMATTAN GUINÉE
Almamya Rue KA 028, en face
du restaurant Le Cèdre
OKB agency BP 3470 Conakry
(00224) 657 20 85 08 / 664 28 91 96
harmattanguinee@yahoo.fr

L'HARMATTAN MALI
Rue 73, Porte 536, Niamakoro,
Cité Unicef, Bamako
Tél. 00 (223) 20205724 / +(223) 76378082
poudiougopaul@yahoo.fr
pp.harmattan@gmail.com

L'HARMATTAN CAMEROUN
TSINGA/FECAFOOT
BP 11486 Yaoundé
699198028/675441949
harmattancam@yahoo.com

L'HARMATTAN CÔTE D'IVOIRE
Résidence Karl / cité des arts
Abidjan-Cocody 03 BP 1588 Abidjan 03
(00225) 05 77 87 31
etien_nda@yahoo.fr

L'HARMATTAN BURKINA
Penou Achille Some
Ouagadougou
(+226) 70 26 88 27

L'HARMATTAN SÉNÉGAL
10 VDN en face Mermoz, après le pont de Fann
BP 45034 Dakar Fann
33 825 98 58 / 33 860 9858
senharmattan@gmail.com / senlibraire@gmail.com
www.harmattansenegal.com

www.ingramcontent.com/pod-product-compliance
Lightning Source LLC
LaVergne TN
LVHW051356061026
849535LV00009B/3219